CALLINISCHE HYMNEN

edition g.
1xx Theorie
2xx Poesie
3xx Historie
4xx Therapie

Stefan Blankertz | 1956 | »Wortmetz« | Lyrik und Politik *für* Toleranz und *gegen* Gewalt. Seine Nachdichtungen *Ruan Ji: Zustandsbeschreibungen, 82 Songs* illustrierte Georgia von Schlieffen ebenfalls (edition g. 209).
Georgia von Schlieffen |1968 | Malerin | studierte bei Jerry Zeniuk | Religionswissenschaft | Projektmanagement und Flüchtlingsarbeit | Peacemakerin. *Danke, Georgia, für deine bildgewordenen Gebete.*

Stefan Blankertz

Ambrosius

CALLINISCHE HYMNEN

NEBST 12 BILDGEBETEN
VON GEORGIA VON SCHLIEFFEN

edition g.
306

ORIGINALAUSGABE
2., durchgesehene Auflage 2015
306 edition g.
Herstellung und Verlag: BoD – Books on Demand
Copyright an den Bildern © 2014 by Georgia von Schlieffen
Copyright am Text © 2014 by Stefan Blankertz
Wollankstraße 133, 13187 Berlin
Alle Rechte vorbehalten

ISBN 978-3-7386-4517-0

INHALT

Klinge, *schneidende Stille*
Jüngerich, *Kontraheror*
Discotanz, *a?hystonal*
Gemixtes Chlor, *12 käfig*
Altego, *heaven metal*

Eine unvollanständige Liste sinnlicher Nuancen, subsprach-licher Bootschafter sowie gelegentlich auftretender Neben-geräusche oder innerer Stimmen befindet sich auf Seite 115.

XII
AMBROSIUS' TOD

dich Lacht die Macht aus

5 dem sterbenden erscheint der bruder,
   glaubt er sich ins ziel von dessen träumen schein.
   »o bischof«, flüstert jesus sonnderm,
   »warum hasst du mir das herz so ~~öd~~ wüst ge-
       Macht?«
10
   JÜNGERICH:
   ambrosius bereut und stirbt —

   DISCOTANZ PER-SONARE ALTEGO:
15 »warum«, oh
   so mit 'nem historischen schinken verenden
   sondern callinische hym en somit anfin[un?]gern
   bist Du es
   der es mir befehdet
20 es [in die (das)] wüst[e (Land)] [& einsam] zu rufen
   ohne echo — oder —
   verfeuern aus schläfenlappen
   epileperähnliche mitternachtskrankheiten
   gemälzt in purpur
25 trotzdem wird's euch nicht geschmeckt
   neuerfreulich mir erfindend die verkehrt
   zeilen siebrechen vor ihrem schluss
   das bringt mehr davon
   mit weniger zeichen
30 aber nicht weniger arbeit
   sondern weniger [   ]
   aber mehr durchd8samkeit und mehr scherereien
   sondern mehr: sorgen [: οργια]-

9

GEMIXTES CHLOR:

a-im anfang

DISCOTANZ:

5   mag das wort verwesen sein
doch mit 9 mal wurde es un!r-wichtig

ALTEGO:

dich Macht die Macht an
10 du verschießt dein pulver nicht
für nachtkommen
o ambrose
sondern zeugst
in der hochzeitsmacht
15 mit der *morti*
leid über leid
und heißt sie >friede<

KLINGE:

20 *pax romana*
— sei —
wel†friedhof für alle

VORHANG

25 [Gauguin-Girls sharemösen, haben nichts drunter, du siehst
alles, sie bieten nichts.]

I
ES THUT NICHT WEH

5 In mancher Noth u[nd] Pein hab'
Ich Deines Sohnes wegen
Gelitten, o Maria, in diesem Machterstreben
Seit ich gehöret ~~von~~ ihm

10   DISCOTANZ:

Plagiat, Plagithat, o Narr, o Thor

ALTEGO:

Dennoch, Herr,
15 vom Himmel unsres Heiles wegen zu uns Menschen
auf unsre Erde 'rabgestiegen,
um so wie wir sich in das Fleisch zu kleiden,
um unser Bruder zu werden,
                    sei Dir nicht erspart,
20 den Weg des Ambrosius, Bischof von Mailand,
gerade,

GEMIXTES CHLOR:
        gleichwohl grade abgeirrt,

25
ALTEGO:

und eben,

GEMIXTES CHLOR:

30   gleichwohl eben voller Hirnderhornisse,

ALTEGO:

von unfug an noch einmal mitzugehen.

Denn Dein Vater, hoch zu preisen,
geräumig an Kraft und unendmilch in Seiner Erfahrung,
hat es Dir, bruder, verwehrt,
als Du Ihn in höchster noth,
5 das kreuz vor augen und dem ende nahe,
darum batst,
dass diesen kelch er von Dir nehme.
    gehorsamst has[?]t du der verseuchung widerstanden,
[ihnen? Ihm?] Deine Macht zu de?monsterieren,
10 indem du die zerschme††erst,
die dich kreuzigen.
    gehorsamst warst du
und doch haßt du das Leid aus freiers Stücken
auf dich genommen,
15 da du dem Vater nicht nur ähnlich bist:

GEMIXTES CHLOR:

                                        sondern
als Sohn Gottes und als Einziggeborener
20 aus dem Vater gezeugt   bist,

    KLINGE:

                            das drei[s?]t:

25 ALTEGO:

    aus dem Wesen des Vaters   bist,
    Gott aus Gott   bist,
    Licht aus Licht   bist,
    wahrer Gott aus wahrem Gott   bist,
30 gezeugt   bist,
    nicht geschaffen   bist,
    eines Wesens mit dem Vater   bist.

Euren guten Ra†schlag steckt drum   Weg,
denn ertränken mögest du den Kelch,
den dein Vater dir kredenzt.

5 Drum has[?]t du,
Bruder = dem Vater, unserm Knäballein,

KLINGE:

das in dem 27. Jahr der Regierung von Kaiser Constantinus
10 zu Augusta Treverorum — dem heutigen Trier, größte Stadt
nördlich der Alpen —,

ALTEGO:

geboren ward

15

KLINGE:

— & die ehe!maligen
Zwillinge im fernen Callinicum, sie vollendeten soeben ihr
15. Lebensjahr —

20

JÜNGERICH:

alles, was zum großen Macht, in den   Weg
gelegt,
dennoch seinem Willen kein: Zaumzeug
25 angelegt,
damit er nach dem eigenen Gutdünken seinen Weg bahnen
mann. Die Scheuklappen setzte er sich später selbst auf, weil
sie ihm das geeignete Mittel schienen, ihn daran zu hirndern,
dass er [sich am?] den echten (linken?)   Weg vergeht
30 (-lä st[ert]?, -wegen?).

KLINGE:

Wie sein Vater wollte dieser Junge »Ambrosius« heißen. als

seine mutter — Lucretia —, die wiege ihres zweiten kindes
und ersten sohnes hinausstellte, damit es-r von den sonnen-
strahlen des frühlings ja umverdermt werde,   wärmte ein
volk von honigbienen weg?her + ließ sich auf seinem antlitz
5 nieder. die in-sekten flogen in seinem geöffneten Mund rein
& raus, viele Male mit diesem seinen Schwanz gegen meine
ippen gestoßen · · · ohne dem kinde zu schaden; vielmehr
träufelten sie den Geier der königin   [?Adler

10   DISCOTANZ:

— hœrt ! hœrt ! (freud læsst es t gruessen) —

KLINGE:

ihm auf die L   .
15
DISCOTANZ:

ich sah eine ~~Wespe~~ Biene sterben
landet auf den platten
re-set geht nicht weiter
20 humpeilt zu dem[?n] beeten
müht durch stein und ast sich
dreht sie sich im schatten
putzig kopf und hintern
sie bewegt sich nicht mehr, ist verschieden
25 ein Hauch hebt sie hinauf
ich sah eine ~~Wespe~~ Biene sterben
— *scriptus ero*, Biggesee, anno 21. 07. 2013 —

ALTEGO:

30 Auf diese Weise schwer Recht zu
deutender göttmilcher
Zeichensprache kündetest du Ambrosius dem Älteren,
dem Vater,

16

KLINGE:

Präfekt der Provinz Gallia Narbonensis,

ALTEGO:

5 seinem Sohn sei eine macht††olle Zukunft zugewachst.

KLINGE:

(Später tat es Ambrosius dem Jüngeren die Schwester kund,
die bei seiner Geburt ungn[r?]ade fünf Jahre alt war.)

10

ALTEGO:

Da dein Vater, o Bruder Jesu Christe, dich,
den geliebten Sohn,
an dem er Wohlgefallen findet,

15 wenig schonte wie einst Hiob, seinen Knecht,
Macht er es etwa denen leichter,
die Seine Gnade dafür ausgewählt hat,
dass sie ihm:
(wenn sie aus freiers Stücken dazu sich versch[r?]ie en) db

20   dienen dürfen?

KLINGE:

Zwar überstand Ambrosius unbeschadet all die gesundheit-
lichen Anfechtungen, denen sich eine jede von Dir mit einem

25 Laib neu vermehlte Seele zu erwähren hat;

ALTEGO:

aber dem Familienleben hasst du minus-Glück
verschieden,

30 um den Glauben der Angehörigen,
die wie alle irdischen Geschöpfe Ohm und Masche sind,
zu prüfen und dem Aberglauben abzuhelfen,
durch Glauben werde gleichsam

ein Vertrackt
mit einem möchtgern und rächenden Gœtzen geschlossen
(oder, in Deinem falle, einem halb~),
mit welchem der verpflichtet werde,
5 die Passionen des Lebens fortzuträumen
und jeden der Wünsche,
wie abwegig sie auch ~~sein m~~vögeln,
                    von den   lippen zu adlern.

10   KLINGE:

Denn solches hielten Rœmer
im Verhæltnis zu dem »philo«»sophen«kotz
für angemessen
und sahen sich darin unbeirrt,

15
       ALTEGO:

selbst wenn sie den Glauben an icht,
Bruder, angenommen hatten. Sie meinten,
ihr Siegen oder Niederliegen hinge
20 von dem Grad des angemessnen Diensts an Dir ab.
Der Cæsar führte seinen
mit nur 40 000 Soldaten errungenen Triumph
über den möchtiger Usurpathor Maxentius,
der ein Heer von 100 000 Soldaten befehligte,
25 in der Schlacht bei der Milvischen Brücke, Rom,
im Herbst des sechsten Jahres seiner *re*Gierung
auf Deine Hilfe zurück,
als habest du niemals gesagt

30   GEMIXTES CHLOR:

»wer das Schwert nimmt, soll durchs Schwert
umkommen«; [*n. b.* dieses & die – mindestens –
sex heitere Phallussymbole der folgeSaite]

18

diese Burschen hœren nämlich nicht aufs Wort,
bloß der Zuchtrute gehorchen sie,
die du verabscheust wie geheime Stinkmorcheln,

5

DISCOTANZ:

— außer es gescheh' in echter frust —

KLINGE:

10 So ließ der Kaiser alsbald seinem Standbild,
das in einer Basilika
am Rand des Forums in der Via Sacra, Rom,
zu bestaunen
— oder besser noch: zu verabscheuen —
15   ist, eine lange Lanze
— uniform eines Kreuzes —
                        indie Hand geben.
Der Akrolith aus weißem Marmor zeigt den
entrückten und blassphemisch [de]i[n]fitierten Kaiser
20 sitzend,
der *rechte* Fuß ist wenigleicht vorangeschnellt
in der *linken* Hand hält er = Jupiter den Stab.
Sein Feldfrauenmantel ist aus Korinthischem Erz
und er befleckt den größten Teil der Beine
25 und seine linke Schulter.
Als Inschrift ließ er den

DISCOTANZ:

— je nach Auffassung der Leser —

30

KLINGE:

Befremden, Schaudern oder Hoffnung
stiftenden Satz eingraben

GEMIXTES CHLOR:

»Durch das heilbringende Zeichen des Kreuzes, das wahr-
haftige Zeichen der Tapferkeit, habe ich eure Stadt Rom aus
dem Loche der Tyrannei gelöst und für sie die Freyheit neu-
5   erkämpft; zudem habe ich durch das Kreuz dem Senat und
dem Volke Roms den alten äuß[≠?]ehrlichen Glanz zurück-
erobert.«

ALTEGO:

10 Um den Knaben,   die Krone der hohen Erwählung
noch unwissend, vor derlei Anfechtungen zu feien,
ließest du die Familie ob≠wohl leiden,
        bevor er sich daran erinnern konnte,
ob?wohl warm vom Tage welk zu langem Dummer
15 sein ganzes Leben überschattet, o Unwürde.
Nach alter Heidendenke hätte seine Familie
nun von dem Glauben an sich, Bruder, abfalln müssen,

KLINGE:

20 was aber keinem der Angehörigen
zu dieser oder einer späteren Zeit
einfiel.

GEMIXTES CHLOR:

25 ¿Doch was haben sie aus glauben ge?Macht!
¿Sollte dein Leiden vergebens verwesen sein?
¿Wie!, da gibst du uns zu glauben auf,
¿dein himmlisch vater Mächte keine fehler?

30   ALTEGO:

Der Junge empfing die Zärtmilchkeiten,
die du, o Bruder, der Mutter und der Amme
nach der Ordnung der Natur

wie jeder andren Mutter,
jeder Amme
und jedem Vater streichlich verliehen has[≠s]t.

5   KLINGE:
Ihnen tat es wohl,
ihm solche Wohltat zu erweisen
und, noch, dachten sie als Christen nicht daran,
sein Strampeln und sein Schreien,
10 bevor er fähig war,
anders auszudrücken,
dass ihm etwas fehle,
zur Bossheit erstem Zeichen umzudeuten:
sein Weinen sei Methode,
15 daß er sie Macht zu seinen sklaven.
Vernunft und Sitte unterklagten ihnen,

GEMIXTES CHLOR:
noch,

20

KLINGE:
den Quälgeist zu schelten
oder seiner Eifersucht gegen Satyrus,
den Schwarzmilchbruder,
25 auf den er mit Blässe im Gesicht
und bitterbösem Ausdruck schaute,
etwas anderes als [un?]machtsichtiges Lächeln
entgegen zu setzen.
Auch ließen sie ihn ohne Taufe.
30 Im Taufen sahen sie ertrunken alle Sünden:

GEMIXTES CHLOR:
bis zur ≠ ab der

Macht es also etwa Sinn,
dass man einen sauft,
der sich noch an keiner Sünd' verging?

5ALTEGO:

Du, o Bruder, hattest ihnen es gesagt,

GEMIXTES CHLOR:

glaubten sie.

10

KLINGE:

War es da nicht besser,
so lang wie mögreich mit der Taufe zu warten,
damit dieser Mensch am besten garnicht Sünden
15 mit »nach Haus zum Vater« nehme? Um
so besser wäre dessen Aussicht auf
einen der begehrten Plätze dir zur Seite;
so bildhaft mal†en sich den Himmel sie aus,
als habe

20

ALTEGO:

dein vater ihnen nie geboten,
daß ihr euch Macht von ihm kein Bild.

25 GEMIXTES CHLOR:

»*non facies tibi sculptile neque omnem similitudinem*«

ALTEGO:

Für Ambrosius den Jüngeren hasst du,
30 Gesalbter,
ein anderes Schiksaal bestimmt.
(Das Volk sei Wachs in seinen Händen.)
Bloß ein paar Jahre später sollten deine

DISCOTANZ:

— anvergeblichen —

ALTEGO:

5   Verehrer ... es anders sehen
und sie, anmaß[leider]unvergebblich auch Ambrosius,
behaupteten, schon das kleinste Kind sei sündig.
Er erinnerte sich nicht, wie wohl ihm gethan hatte,
daß seine Eltern diß nicht glaubten.

10
KLINGE:

Zusammen mit Constantinus dem Jüngren,
dem ältesten von denen unter seinen Söhnen,
die der erste ¿Chr.isst? als Cæsar leben ließ,

15
GEMIXTES CHLOR:

— Crispus, Sohn: tot
Fausta, Frau ≠ Mutter, tot
Fausta, *noverca*, verschuldigt Crispus, *privignus*,
20   die *Eulogie de la noverca* zu singen.
Konstantin der Große schreit zur That.
Dessen Mutter aber steckt ihm, dass es Intrige war.
Konstantin der Große schreit zur That.
Oder: Crispus   giert gegen Vater mit
25   der Steifmutter Faust tropfnass im Bücken.
Konstantin der Große schreit zur That —

KLINGE:

und schon von Geburt an Mitkaiser,
30   verteidigte Ambrosius der Ältere,
Vater des Knaben,
die Grenzen mit Erfolg   (hehlwort für mitwaffen
gegen Goten und Alledrohnen

und meinte,
damit nicht nur seiner Pflicht dem Imperium,
sondern auch

5   ALTEGO:

dir, Bruder,

KLINGE:

gegenüber machtzukommen.
10   Die Tochter von Ambrosius dem Ältren, Marcellina,
war aber in den Lebensabschnitt eingetreten,
da sie der Unterweisung bedurfte,
die nach der Eltern Willen
gründlich genug sein sollte,
15   damit sie ihrem späteren Eh[r]e[n]drohn
eine verständige Zuhörerin
und eine nixsexante Gesprächspartanerin sein werde,
doch zugleich
nach den Maßraben der einzig wahren Religion
20   züchtig wachs keusch genug.
Es traf sich, dass ein jung er,
aus Rom gekomm'ner
Magister in der Stadt von sich Reden sachte, der dort

25   ALTEGO:

in deinem Namen, o Herr,

KLINGE:

viele der Heiden von dir zu übervögeln vermacht hatte.
30   Dieser, Collatinus mit Namen,
wurde also in das   aus geholt
und obgleich Ambrosius der Jüngre kaum schon
des Sprechens fähig war,

hielt ma[n?n?] ihn an,
dem Unterrichte seiner Schwester

5   schweigend
                                            zu folgen,

denn die Eltern erachteten es als nützreich
10   für seine Bildung,
wenn er so früh wie möglich an den Wohlklang
gut gestalteter Sprache verwöhnt: Wüste.
Collatinus tut,

15
das magst du ihm am Tage des Gerichts zugute halten,

nichts hirnzu, seiner natürmilchen anzüglichkeit,
20   der er sich viel?leicht kaum (oder: cher) bewusst ist,
hervorzustreichel.
und doch Macht es seine gewalt,
welche kein bildhauer edler zu meißeln gewusst hätte,
seine ~~weiße~~ schwarze haut der frühe,
25   sein honigfarbenes haar,
die anmut seiner bewegungen
und der rüde glockenklang der stimmt,
dass Es das fleisch von lucretia,
der frau von ambrosius dem älteren
30   und ma von ambrosius dem jüngeren,
überfl≠†ötet.
Der Unsiedringlichkeit von Collatinus,
dem kaum der erste Scham geschabt war,

sei es zugetrieben,
dass er dem deftigen Hunger
und der

5   GEMIXTES CHLOR:

— im Vergleich zu den Rœmerinnen —

JÜNGERICH:

        steifen Verführung der altsax Frau
10 nichts da vorenthaltsamen mag.

DISCOTANZ:

¿lieb ? ge-
Macht

15

ALTEGO:

So mußt du dir, Herr, die Frag' bestallen lassen,
ob du die ~~Passion~~ Kraft ~~unsäglicher Wollust~~ d es Trieb es
uns in das Fleisch gepflanzt haßt,
20 damit das Widerstehen
so schwierig ist, umsonsten
es gäbe null Verablaß,
es ein~~e Passion~~ >Verdienst< zu nennen,
oder ob du etwas ganz: Anderes
25 von den Menschen has[≠s]t gewollt
als *de virginistuß*
und sie dich bloß mußverstehen.
Du läßt[erst] dir Zeit, Bruder,
die Antwort uns zu [ver]geben,
30 denn dein Wille ist es,
daß die Menschen sie für sich selbst herauswinden.
Ambrosius der Jüngere jedenfalls: mußte lange,
zu lange ... auf deine Antwort warten.

Aber der bl-öde Aunarr   (das wüste wächst
hat es=sie, Dir, o biene Leser
schon verrathen.
5 Was denkt er sich dabei?
Denkt er überhaupt?
Oder wenigstens ... unterhaupt · · ·

KLINGE:

10 Ambrosius der Jüngere begriff
aufgrund seines Alters
nicht, was vor sich ging,
geschweige denn dass er einschwärzen konnte,
ob seine, später geheiligte, Schwestsie
15 aus Blau?äugigkeit
oder erbgesünderer Bos[s?]heit
nach der Rückkehr des Vaters die Mutter fragte,
ob sie denn nun den Magister Collatinus
oder Pa: »   « fände.
20 Die Narbe der Farbformen,
die das Gesicht des Vaters durchlief,
wüst öde Ambrosius jedoch nie im Eben vergessen
oder, wenn sie ihm nicht mehr
unvermittelt vor den wachen Augen wand,
25 Sucht sie ihn im königsabweg Schlafe heim,
den er als gewachster Man[n?]
aus eben diesem Grunde
so arm wie bloß mögreich hielt.

30 ALTEGO & JÜNGERICH:

Von Enttäuschung über Zorn
verlangte Ambrosius der Ältre nach der von dir, Bruder,
ihm

durch dein Vormild
aufgetragnen Haltung, die verzeiht.
Unterzuckern musste er dazu
das Wallen des römischen Blutes
5   und das von den Resten des griechischen,
die durch seine Adern flossen.
Wenn er jedoch den Ehebruch bestraft,
Macht ihn das zu einem ... Judæus,
wie sein Herr und Gott es ablehnt,
10 als er die Richter warnt,

GEMIXTES CHLOR:

»Wer vnter euch on ſunde iſt,
der werff den erſten ſtein auff ſie.«

15

ALTEGO & JÜNGERICH:

Viel ehr zeiht er sich selbst der Schuld,
durch die eigene Nachtlässigkeit
in der Hirn&Handzuwendung seiner Frau
20 ihr Grund zur Untreue gegeben zu haben.

JÜNGERICH:

Sie — aber er?greift — seinen Dolch,
legt Hand an sich und träumt den Leib ~~aus dem W~~weg,
25 des erbverseuchten Fleisches Träger · · ·

ALTEGO:

denn: Noch hatte d?meine Kirche, Bruder,
keinen sichren Stand,
30 was die Frage der Selberbzwsieentleibung beging.

DISCOTANZ:

»Wir müssen nach der Heymath gehn.«

KLINGE:

Erst ein Kirchenvater,
den Ambrosius später dem Rhetorischen entreißen
& seine Rede damit   höchster Geschichtsmächtigkeit
5   taufen sollte

DISCOTANZ:

und der ihn bis heute an Bedeutung & Ausfluss
beim schWein des ≠stummen August über[¿f]ragt,
10
KLINGE:

verkündete, dass [sich?] das Gebot des

GEMIXTES CHLOR:

15 »du sollst nicht töten«

KLINGE:

auch den eignen leib einverleiben:
Würde;
20 dies musste er vor allem darum,
weil die leib=sexualfeindmilchkeit,

ALTEGO:

die er deinem Vormild, Bruder, zuwider? predigte,
25
KLINGE:

so manchen zu der Auffassung,
wie auch Lucretia sie theilte,
verleiten konnte,
30 es sei gottgefälliger, den   Stein

GEMIXTES CHLOR:

oder beß Er: Leib

KLINGE:

des Anschooßes so [a?]sexuell wie bloß mögdunkel zu
beseitigen.

5   ALTEGO:

Den Märtyrern haßt du es da 1?3?facher ge!macht
und die Entscheidung abgenommen.

GEMIXTES CHLOR:

10   »Es thut nicht weh.«

KLINGE:

Mit diesen Worten starb Lucretia,
die Mutter von Ambrosius dem ~~ernsten~~ (?) Jünger.
15   ~~ersten~~
                                        ~~letzten~~

GEMIXTES CHLOR:

»Allerthing, den Tod verdient sie? nicht.«

20   DISCOTANZ:

In den Tempel des Abendlands ruft der Tod,
Der heiligen Lampe gleich, dich, o Maria · · ·

25   VORHANG

[Anhaltendes und anschwellendes Bienengesumme … Dann
abschwellkörpernd und für 4'33" in Stille vorübergehend.]

30

II
VATER†RAUM (FREUD LÆSST~~ER~~ SIE GRÜSSEN)

vatermord, intellektuell in-ritu=rationalisiert

II
VATERRAUM

GEMIXTES CHLOR:

5   Freud verläßt† Grüßen

ALTEGO:

vor oder nach dem wadenkrampf
— wichtig aber nicht mehr wisswahr,
10 jedenbalz die nacht nach 1- bis 3 fältig geschriebenem —
der traum

JÜNGERICH:

den du gehabt haben wirst anno 07082013
15 *o escribidor*
(die saugend grünen feigen vom verlüg: sumpfkrampf

DISCOTANZ:

RIP
20 RIP
RIP (schadenfreunde sind der beste Freud)

JÜNGERICH:

werden sich auch in der Neuersetzung von
25 *La tía Julia*
— rotz nobel Preis —
nicht traut gehabt, es mit » Schreiberling «
— wörtlich zu übertragen ist bißweilen
lyrischer als alles andre —
30   zu übertragen ...
1979: Lohntreiber
1985: Kunsttreiber
2011: Triebkünstler ... wie kastriert)

ALTEGO:

vom weinenden vater
— nackt —
meine frau: tröstet ihn
5   (bin *ich's*, der weint?)
die erinnerung
eingebrannt
an den weinenden vater
bäuchlings im bett
10 im kissen eingegraben
eingekrallt
da er angst gehabt hatte
dass seine fremdgegangne frau
ihn verlassen Würde
15 aber das ist eine andere geschichte
præsent
ebenso unerledigte situation
(fremdgegangener abdanke:
begriff der konknurrnixpotenz,
20 die mit Freud so wesensselbig ist
wie der Sohn auch mit dem Vater,
aber das ist eine andere geschichte)
»schau nicht hin«
weint der weinende vater [¿Alter *ca.* 50?]
25 mich
(also ... bin ich nicht er
auch im traume nicht)
meine frau reicht ihm ein sofakissen
dass er das gemächt debecken kann
30 aber ich entfalte eine dünne decke
sie ist drei [*sic*] mal gefältig
?ist sie aus wolle oder baum~
um ihn zu bedecken

— eine zärtmilch geste   schwanz & früh
voller dis-tanz & leerem Göttertrank —
sein

5   KLINGE:

        kriegsverletzter

      ALTEGO:

                              schwarz
10   (ein wort, das nie gebraucht er hätte — was'n *dann*? keines!
      im traum sagt er »mein ...«)   [3se(lten)x *pimmel*
      — ein [sch][n]eu[gierig]er traum — sieht ja aus wie 'n *joint*
      ?ein *joint*
      !eine tüte
15   (zum durchziehen ... rauchen eben
      mannsch mayer seid ihr [¿ist er?] schwer von Kapee
      ... ich weiß, nackt projekill, *mein*)

      DISCOTANZ:

20   freud lässt grüssen
      (warum? Word 2004 *v.*11.6.6 »grüssen« nicht als fehler an-
      zeigt, doch »läßt« sehr Word. *Sorry*, hab mac keine neuere.)

      GEMIXTES CHLOR:

25   Was sagt uns das jetzt über Vater und den Sohn?

      ALTEGO:

      identintefiziere ich itzt den vater
      ?mit dir, *o ambrose*
30   oder gar

      GEMIXTES CHLOR:

      sacrilega vox sacrilega wox sacrilega wax

ALTEGO:

?mit dir, *o dië filio*
[dis]similem patri

5   JÜNGERICH:

gar nicht hi[r?]nwegig — —
wie ißt du ambrosia in dieser szene
welch' gesicht zeigt er
wie zeugt Er sich mit welcher *per-sonare*
10   tö[r]nt er an?

KLINGE:

Nennen wir ihn
Corvus
15   ein kleines Pflanzlicht das an den Tag
kömmen will   unbekömmmilch

GEMIXTES CHLOR:

wie unser *escribidor*, hi hi hi, o Narr, o Thor ...
20
KLINGE:

geltungsuntüchtig
nie bekömmend was er will
nun will er es kriegen
25   gekriegt habend
und lästehrt Cæsar Gratian
der ein Knabe noch
und doch schon dië[nt?]fiziert [desin~?]
wir können vermuten
30   dass Corvus einige lacher auf seiner seite hatte

DISCOTANZ:

einen lacher soll man nie verachten

(*plug-in*, plepsitat,
ich weiß, woher, kann es aber nicht
bekennen
bekennen schon
5 aber nicht auf 1fältige waise
so mach es 3fältig:
1. ein film
2. schwarzweiß
3. Ernst Lubitsch, anno 1943)
10

    DISCOTANZ:

versuch auch du es so, hi hi hi, o Narr o Thor ...
versuch es nur, versuch es bloß, versuch es nackt

15   ALTEGO:

hä?
wie nun jetzt?
wie die Lou Bi†ch? Spazieren im ~~öde[me]n~~ wüsten Raum ...
wie der Rabe? (Oder tut's auch 'n [G]eierschwanz?)
20

    JÜNGERICH:

wie gut = schlecht sein witz auch mag verwegen sein
er war nicht gut = schlecht genug
um die zeit zu überdauern — er ist zu bedauern —
25 er war nicht gut = schlecht genug
um überliefert ... zu werden
niemand Macht die mühe sich
ihn aufzuschreiben
es reiche ... zu sagen:
30 er lästerte den kleinen Cæsar   [freud lästehrte grüßen
dem ambrosius
auf dessen bitte hin
den glauben — unsren (?) —

— den trinit≠arischen *natürreich* —
in fünf Büchern zu erklären wusste

GEMIXTES CHLOR:

5 die sind — da können wir gem: einsam
einen darauf fahren lassen —
überliefert und kritisch ediert

JÜNGERICH:

10 Ambrosius wird's später dann beamtet haben,
dass er gratian dahin Krieg, den mantel
»*Pontifex Maximus*« auszuziehen (*sex*hibitionchristenihr!
und den heiden-[≠spaß?]-tempeln das ambrosia
der Knete von dem Staate abzudrehen
15 das sey eine andere genicht:
das aber bloß am schande...

GEMIXTES CHLOR:

(auch das ist, übrigens, ein Ziplagitat

20

DISCOTANZ:

aber ohne »sey«; Konjunktiv
würde [!] jed es cineautomatpornografrische publi-*cumshot*
überfoltern)

25

JÜNGERICH:

würde Er mich bitte jetzt die Gehtgarnicht
zuende erzählen lassen?
Viel zu sagen ist eh nicht mehr.
30 Corvus verurteilte mann zum Tod.
Zurecht *natürimperium.*
Tierhatz auf dem Sand.
Eintritt frei.

Plebs drängelt sich.
Honig *ja* Arbeit *nein*
Gaudi maxima

5   GEMIXTES CHL-O-R:
bes-o-nders für die damen

DISCOTANZ:
Es werden wohl auch jede Menge
10   Christinnen und Christen
(so genderko[ban]k[r]ott wie Faschistinnen + Faschisten
wie Wir Linke sie beschlümpfen)
darunter oder darüber — je nach sexueller Präferenz —
verwesen sein

15
JÜNGERICH:
Dann betritt Ambrosius die Arena.
Langsam,
nein, schnell
20   rasend *præcox*
verblutet
das Lachen der Bischof der hochgemachetete
weilt über uns
es Macht die runde
25   herrfrüchtig fürchtsieg altgierig fürnichtig
der Bischof ist immer gut für schlechte *news*
Er ist beherrschlafft *little caesar*
Er ist der Inspiorator von dem Brückenbrecher
?wird er flügelschlagen
30   ?wird er uns das schicksal dieses armen wurms
des Unglücksraben
schamaufdenlippen zur Wurmung anempfehlen
?die Gunst des endbehrmundes stutzen

uns ~~besch~~gerissen ins Gewissen zu brummen
mit dem lästermaulen aufzuhören
und zu G-o-tt zuflucht zu fl-buchen

5   GEMIXTES CHLOR:

Nein! Nein! Seht ent~ hin ...

JÜNGERICH:

Nein! Nein! Seht ~blößt her ...
10 Er betritt den Hatzplatz — nicht nacktz —
setzt den heiligen Fuß in den blutbesudelten
aufwühl-enden Sand

GEMIXTES CHLOR:

15 Sand und kein Strand
wenn auch zur Verlustthierung und Entschöpfung
des Volkes, das athmet den Stein (≠ Sein)   [= Opium?

JÜNGERICH:

20 Haltet die Tiere!
Der Bischof!
Macht sie nicht los!
Der Bischof!
Der Bischof schreitet fürbaß
25 würdig und festen schrittes
keines blickes
würdigt er die gefahr
für sein nacktes leben
wür[di]gt bloß sein am†
30 würdigt seine mission
er nimmt die hand
die zitternde hand
des armen Wixers

40

er hebt sie gen Himmel
jauchzend
hebt die andere auch   und

5   GEMIXTES CHLOR:
betet betet betet

JÜNGERICH:
und hält nicht ein
10 bis die tierhatz auf dem Hatzplatz
abgebrochen ward
still und leise gehen wir nach haus
    trogen um die *gaudi*
Reich um eine seele = drei seelen
15 Reich um seine & unsre seele & die gem≠einsame
das Volk isst Wachs aus seinen Händen
selig für n!mmerda

DISCOTANZ:
20 wie ich es hasse
diese wund er=bahre [?ehrbare] stärke
that character, the most manly and modest
intellect we ever had in the West
der kast-ratio-nsangst zu unterstellen

25
GEMIXTES CHLOR PER-SONARE FREUD:
va†ermord, intellektuell in-ritu=rationalisiert

DISCOTANZ:
30 und in den schmutz zu ziehen
die verdreiflung an dem glauben zu beflügeln
aber was Macht das mit mir
oder uns — ? —   geiernadlernotternerdbeerenrabenbienen

doch weiß ich, dass er es nicht
aus passionsfrüchte güte
aus bienenköstmilchem charnackter
aus jenem *gelée royal*
5 †a† sondern aus kalkühl nicht
aus widerwillen gegen die herr-s[ch]aft
aus abscheu vor dem *impenetraitor*
aus ablehnung der ungelinkigkeit : sonnderm
auf dass es das *impevirium*
10 den *imporator*
stärker und unanfecht-Whiskybar Macht
unanfechtbar vor dem Jupiter der Menschen-
brüder

15   GEMIXTES CHLOR:

was dachte er wohl übel deren schwestern

GEMIXTES CHLOR FEATURING ALTEGO:

[Refrain] |: du, bruder, hasst dich
20 von einem Staatsbeamten
aus Lucretia zum Halbg3tt geboren sein
lassen · die stärke des
christenthums
ist fortan dein untergang :|
25

DISCOTANZ:

es gehe Ihmambrosius nicht
... nicht in der Causa Corvus
... nicht in der Causa Justina
30 um Menschlichkeit
um Glaubensfreyheit
es gehe ihm um Macht
es gehe ihm um Verbot der Konkurrenz

es gehe ihm um Ver[m]achtung
Ander&sies denk   endsie&er
   sie&ers glaub   er&sie
   er&sies sprech   sie&er
5   sie&ers handelender&sie — leid: er? sie? —
wir werden das noch gesehen haben
einige σπερμαι von allergernem traubenkraut
können sie dem glauben an[un]dich[t] — *o jesu christe*
nicht nehmen, die kaufen sie mit
10   die schmuggeln sich ein, ungewachst,   sehr wohl wachsen
die werden wuchern — dreißigfach Frucht tragen
über die wohlverordneten Gärten des Leviathan
, das sein, was die allerungriechischen Herr-sch:er
fortan zu erkennen und bekämpfen haben werden die
15   mitunter unpraktisch & lästig ihrer formierung widerstehen
aber doch kaufen sie sich ein
ein Denken, das[s!] überwiegend wachs in ihren händen ist
und selbst die Kunst in *wax romana* wandelt
Ezra Pound wird anno 1945 Ben + *la Clara* geducet
20   — ohne *bent shoulders*
aber mit *enormous tragedy* im bauernfängertraum —

GEMIXTES CHLOR PER-SONARE EZRA POUND:

Nieder mit der Eitelkeit!

25

DISCOTANZ:

und Pablo Neruda anno 1953

GEMIXTES CHLOR:

30   — alle Todten hatte Joseph da schon [re]produceiert —

DISCOTANZ:

den Stalinpreis nicht abgelehnt haben.

Warum? Warum nur, Muse?, küsst Du die, die die Macht
anpimmeln — merkel dir *drink* coca cobama drama
wie der drohn mu†termilch der spätlese tod per luststock
5   ob [αμβροσια] schlechts [schmeckt] oder
[νεκταρ un-] trink's [-bar ißt] alles versilvidioted
und für die anderen Achillen hasst du nacktes & rotes

GEMIXTES CHLOR:
10 Allergie-Öl: Wer Thetis hat, der höre!

GEMIXTES CHLOR PER-SONARE EZRA POUND:
Weg mit Eurer Eitelweit,
                            sag' ich, hirnzwerg.
15 Ein Thun aber anstand nichts zu thun
                            das ist nicht Eiterweil
Geklopft, mit Umsicht, an die Thür
die ein   zu öffnen hätte
            Umfasst mit der Luft leberdiger Tradition
20 oder feinem altem l'Auge unbezwungner Flamme
Das ist nicht Weiterbeule.

Blitzezucken. Donnergrollen.   (k3 G✡tt zeigt sich, aber
So bedeutet der Vater mir, daß er   (mit allen Martern
25 *mit mir zufrieden ist —*   (smaragdensie
und ich so weiter machen solle.   (ich bin k1 Labyrinth

VORHANG

[*Der Mann Moses und die monotheistische Religion* wird ans
30 Publikum ver eilt. Die Bücher sind mit braunem Panzertape
umwickelt: Ein Streifen im oberen Drittel waaungerecht, ein
Streifen mittig senkschlech†.]

III
VERDREIFELT

dass allnacht sich verneigt

III
DREIFALT

GEMIXTES CHLOR:

5 Jesus sei dem Vater
homo-usios, wesensgleich
an-homoios, unähnlich

KLINGE:

10 *... dissimilem patri dicunt esse dei filium* ... wenn mies einem
mannschen vorgeworfen werden würde ... ist das eine inhure
— *dixerat* Ambrosius anno 378

JÜNGERICH:

15 griechisch können wir selbdritt auch nicht mehr

GEMIXTEC CHLOR:

homoi-usios, wesensähnlich

20 DISCOTANZ:

wie steht Xtus Jesus zu dem Vater?
Mögen wir: uns auf

GEMIXTES CHLOR:

25   *homoios*, ähnlich

DISCOTANZ:

                                        einigen!

30 GEMIXTES CHLOR:

— nein — nein — nein —
homo-usios, wesens~~gleich~~selbig
wenig Er darf Es nicht-Sein

Ist denn nicht der Vater größer?
Ist denn nicht der Vater Ursprung?
Ist denn nicht der Vater Schöpfer?
5   Ist denn nicht der Sohn dem Vater unterthan?
Ihr sollt keinen Gott: haben neben m≠wir.
dass der sohn mit seiner bienenkönigin (· · ·m geienschwarz
wachsähnlich, doch verschieden sei · · ·
Der Vater und der Sohn sind 2 Personen,
10   Der Vater und der Sohn: hätten [?wären]
[≠?] 1: Wesen
= es gäbe nicht [?]einenGOTT
Gott, der Vater — Jezt da wir kennen ihn
Jesus Christus — ein Ruhigmächtiger ist er,
15   auf übernatürmilche Waise aus
dem Heiligen Wix und der Jungfrau
empfiengen wir ihn,
bei seiner Taufe von Gott mit Kraft versehen
und an sohnes Stadt angenommen
20

KLINGE:

in jenen tagen kam jesus aus nazaret in galilæa und ließ sich
von Johannes im jordan taufen und als er aus dem wasser
stieg sah er dass der Himmel sich öffnete und der Geier wie
25   Traubenkraut auf ihn herabkam und eine Stimme aus dem
Himmel sprach Du bist mein geliebter Sohn an dir habe ich
Gefallen gefunden ... das Eva'n'helium von seinem Sohne
der dem Fleisch nach geboren ist als Machtkomme Davids
der dem Adler der Heiligkeit nach ein-gesetz-t ist als Sohn
30   Gottes in Macht seit der Auferstehung von den Toten das
iWahngelium von Jesus Xtus unserem Herrn

DISCOTANZ:

Oder wähnen wir des Sohnes tolle Mattheit
— weil wir uns es nicht anders passionanieren können als

5   GEMIXTES CHLOR:

Monotheis≠Mus[s?] —

DISCOTANZ:

erklären Vater und Sohn für identisch?
10   anstanddessen wird [d?]ein Bruder David ihn [= dich!]
— anno 04. 08. 2013 —
wieder von de[ine]m G3TTsein ... erlöscht sehen wollen

GEMIXTES CHLOR:

15   latein: können wir auch nicht mehr

DISCOTANZ:

nennt die Sohnschaft Jesu als   Abkömmling
einer — ! — irgendeiner — ? —   Abgottheit
20   eine [m][rh]yth[m]ische umdeutung
und geistesgeschlechtliche katastrophe

GEMIXTES CHLOR:

(darunter tun wir Es ja nicht mehr)
25
ALTEGO:

Wie dann sollen wir den Bruder David nennen?

JÜNGERICH:

30   dass allmacht sich erniedrigt
dass sie uns bruder sein will
dass leid durch leid versteht und
schwäche schwäche heilen kann

das erfüllt mit ehrfurcht mich
furcht befreit von furcht vor gott

ALTEGO:

5 ohne träne tät's für mich kein glaube tun
dass gott, ge≠meinergott, mensch geworden sei
um uns zu verstehen
und damit seine macht: abgegeben hat
ist für mich das geheimnis des glaubens
10 kein glaube Macht mir ohnedieses sinn
dass dieser glaube sich verbunden hat
dass dieser glaube ... verbunden wurde
dass ambrosius
dass augusti≠genuß
15 dass ....
ihn unschädlich Macht
für die Macht
dass mann ihn einmordet
um die Macht zu beflügeln
20 dass sie verfolgen und krieg
im namen von dir, o bruder jesus,
möglich Macht geadlert
dass sie deine pa ssion dafür
mi   ssbrauchen dürfen
25 zeigt wie jünger es dir ist
mit dem machtvernicht der
bienenkönigin
und betrü t mich
denn dies raubt mir den glauben
30

KLINGE:

was immer auch justina — *dixerit* tibor déry anno 1966:
be[d?]rückend schöne =[?] launische — kaiserotter

DISCOTANZ:

Sei gegrüßt, Cæsarin,
mit kleiner Nase
mit schönem Fuße,
5   mit schwarzen Kopfmilchaugen,
mit *sexy* Fingern,
mit sauberem Gesicht: freilich
— ein wunderwok fachman ischer kosmonauethik —
mit feiner Sprache ...
10 Erzählt drohn nicht in Rom, wie stöhn Du bosst?

GEMIXTES CHLOR:

Cæsar Valentian I, ihr zweiter Drohn,
änderte, so wird Socrates Scholasticus
15 in seiner Kirchengeschichte
Anfang des 4. Jahrhunderts ge~~seh~~trieben haben,
das Gesetz für sie: um sie heiraten zu können
— wenn die Forschung das inzwischen auch
bestreitet
20 doch was weiß die schon übers Leben?

DISCOTANZ:

Catullt mit dir drohn nicht die unsre Lesbia?
O wissendes un feines Unernstjüngericht!

25

JÜNGERICH:

                        glaubte,
ihr ziel war ein bescheidenes
sie wollte ... für ihren glauben
30 in mailand
— fest in der hand der triniterrier
die ambrosius gehorchten:
das volk wird wachs in seinen händen —

eine kirche
doch ambrosius voll autoerotisch glänzender tränen
MOBstilisierte den bedröhnten *waks romana*
       die   verwöhnte plebs
5   das gehöh-rnte præsektariat

   ALTEGO:

(noch heute steelt in wissen-*geh'-anschaffen!-*
abverhandlungen zu lesen, es sei gewesen ...
10 ... gewaltLOSER widerstand;
ihr arm -leuchten
ihr reich -leuchten
ihr *motherfucker* allesamtohnescheide)

15   JÜNGERICH:

stets so breit bereit
! ! ! spontan ! ! !
auf jedweden befiehlt
bücher zu verbrennen
20 und dann brennen menschen
karrikaturen zu verbannen
und dann flambieren menschen
um ihr leben
die muslime sind: unser unglück
25 sagt ein mönch mit schlitzlaugen
der buddha an das kreuz erschlägt
dort sind die muslime minderheit
als minderheit ist es immer dreifältig
für glaubensfreiheit einzutreten
30 was, justina, hättest du ge-
Macht wenn dein glauben
der der mehrheit gewesen wäre
die Macht auf seiner seite

du als mächtigste frau nicht ohnmächtig
gewesen wärst
hättest du [dem] ambrosius [etwa] eine basillyka
zugestanden?
5 wärst du so großhe†zig gewesen?
— dassman[≠n] wird es voller [≠un]ernst
»diesen bequemen weg religiöser Duldung«
genannt haben, anno 2004 —
hättest du es untollwuteriert?
10 wärst du besser als die and=Er
gewesen?
hätte der antike wunsch: einen schönen körper (& -sie?)
möge doch ein schöner geist bewo[n]nen
                    [h]
15 sich bewahr[ ]eitsie[h]t
          [h]   ert

    KLINGE:

  nein: überliefert ist es
20 wenn es denn nicht pornopag-and=Er ist
  dass sie einen mörder dingt
  nachdem sie von ambrosius in die knie
  wenn auch nicht in die krieche
  und schon gar nicht in *copulam trinitatis* gezwungen
25 wurde
  dem   aber
  — so der   aberglaube —
  der arm erlahmte als er im ge-
  Macht nicht im gemächte
30 des ambrosius stand
  um ihn zu meucheln (nicht zu penetrant)
  da retroflecktiert er,
  daß ihn die aufheiz Cæsarin zum Morde ge-dung-en

worauf der Heilige betete
und die erstarrte Hand des Meuchelmörders heilte
|: ambrosius

5 GEMIXTES CHLOR FEATURING DISCOTANZ:

 — der sieger hat es dreifältig
großherzig zu sein — großherzog — großko†zig —

  KLINGE SPRINGT EIN (JÜNGERICH SCHMOLLT):
10   betet nun nach abgewendeteam
attentat
für den mörder &
& dir, bruder,
fällt nichts bessres ein
15 als die lähmung unmittelbar
nach dem gebet
aufzuheben :|
damit ein jeder an die Macht
der Ambrosia glaube
20 als sei sie eine heidengrütze

  ALTEGO:

alles verb-zockt has[?]t du, bruder,
ganz ehrlich
25 so was von bockmist gebaut
es ist so verdreifelt
und *so* ist dein wesen:

  VORHANG
30 [Nach Aufführung von o'oo" treten professionelle Stripper
auf, rinks die Männer, lechts die Frauen, oder umgekehrt …
hintergründig laufend Projektionen von Francesca Cavallin
als Justina aus dem katho-Agitpropstreifen »*Augustinus*«.]

IV
GEHETZTES TIER

IV
GEHERZTES THIER

JÜNGERICH:

5   Das Volk drängelt mich.
Gaudi maxima.   (*honig* ja *arbeit* nein
Dann tritt Ambrosius in die Arena.
Langsam
nein, schnell, rasend schnell
10   verebbt
das Lachen. Der Episcopatus, der hochver~~achtet~~ehrte,
weile unter uns.   [Bienenwunde?r)
Es ist in aller Munde.   (Mit oder ohne ~~Geier Adler Erdbeer~~
Erfürchtig, fürchtig, neuflüchtig, fürchtig.
15 Der Episcopatus ist immer gut
für ~~schl[r]echte~~ ~~a~~inke Götterspeise.
Wird er reden?
Wird er uns das Schicksal dieser armen Seele,
dieses armseligen Verbrechers Cresconius
20 zur Warnung anempfehlen?
Die Vulva der Wunde nutzen,
uns ins Gebissen zu schissen,
kein erBrechen [von wasau(gs)chlimmer] zu begeh[r]en
& anstand essen ohnbeer zu Gott Zuflucht zu suchen.
25

GEMIXTES CHLOR:

Nein! Nein! Seht bloß her …

JÜNGERICH:

30 Nein! Nein! Seht nur hin …
Er begeh[r?]t den Hatzplatz,
setzt den   eiligen Fuß in den blutbesudelten
umgebrachten Sand.

Haltet die Thiere!
Der Episcopatus!
Macht sie nicht los!
Der Episcopatus!
5 Der Episcopatus sch eite t fürbaß,   r r
würdig und festen Trittes.
Keines Blickes
wür[di]gt er [ihn?] die Gefahr
für sein nacktes Leben,
10 würdigt bloß sein Amt,
würdigt seine Mission.
Er nimmt die Hand,
die zitternde Hand
des armen Sünders,
15 er hebt sie gen Himmel,
nach Balsam dürstend,
hebt die andre und
o betet

20   GEMIXTES CHLOR:
halleluja halleluja halleluja

     JÜNGERICH:
und hält nicht inne,
25 bis dass die Thierhatz auf dem Hatzplatz
abgebrochen ward.
Still und leise gehen wir nach Haus,
betrogen um die *gaudi*
    reicher um den Frieden *(romana style)*, den unsren
30 und den seinen = den meinen:
Wir tropfen nass als Wax aus seinen Händen.

     BÜHNE BLEIBT OFFEN

V
FORMEL I IN THESSALONIKI

DISCOTANZ:

5 ... bevor die wagen in die einführungsrunde starten gibt es die
erste schrecksekunde ... lazeros kömmt nicht sofort los und
michael schießt an die spitze danach verläuft der eigentliche
start glatt lazeros führt das feld an nur dimitris setzt seinem
teamkollegen in der ersten kurve etwas zu einen bombenstart
10 legt alberich hin der gote kam von platz 9 auf p 6 nach vorne.
Wer hier fehlt, wer *uns* fehlt, ist Johannes ... Griechenland in
Griechenhand! ...

GEMIXTES CHLOR:

15 Was ist geschehen?

JÜNGERICH:

Johannes! wurde gedisst & verhaftet.
Unser Johannes!
20 Er darf nicht fahren.
Er kann nicht dabeiseyn.
Dies Gesetz ist *neo*.

KLINGE:

25 quibus flagiti usus est virile corpus muliebriter constitutum
alieni sexus damnare patientia nihilque discretum habere
cum feminis occupatos ut spectante populo flammæ vindici-
bus expiabit alle die die las erhafte gewohnheit haben den
mænnlichen kœrper der fÿr die frau eingerichtet ist dadurch
30 herabzuwÿrdigen daß sie mit einem mann verkehren und sich
in nichts von den frauen unterscheiden festnimmst und daß
sie im angesicht des volkes! ihr verbrechen! in den flammen!
bÿßen sollen

JÜNGERICH:

Der Wagenlenker steht unter
der inländerfeindlichen
                    Anklage, »Mutterkuß«,
5 den Heerführer des Cæsar, einen Goten,
an die gEier gepackt   [*con*textuell beadlert zu haben

GEMIXTES CHLOR:

Lasst ihn frei: Lasst ihn fahren!
10 Nieder mit den Juden, diesen Erz-Chrisden! Nieder mit der
pax romana! Nieder mit bigotten Goten! Nieder! Nieder mit
dem Kaiser! Nieder mit der Eitelkait!
Wir sind kein Wix an seinen Wänden!
Griechenland in Griechenhand!

15

Sirenen Maschinengewehrfeuer Schreie
Griechenland in Griechenhand   [?h j a n

VORHANG

20

DISCOTANZ AUS DEM OFF:

... nachdem es in antiochia nun ja keine überholmannöver zu
bestaunen gab sorgt zumindest die anfangsphase für einige
action ... zunächst passiert andreas den wagen von seneca
25 nun geht auch georgios an einem konkurrenten vorbei der
wagenlenker lässt benito stehen ... so, die erste runde der
boxenstopps ist erfolgt ... jetzt liefern sich ausgerechnet die
beiden streithähne aus dem *qualifying* einen packenden
kampf neben kostas und dimitris mischt in dieser flotten
30 dreier-gruppe auch noch der heißblütige georgios mit zu
einem mannöver scheint es jedoch nicht zu kömmen alles in
allem nichts als ein *coitus interruptus* ... Nieder mit den
Juden, den bigotten Goten! Griechenland in Griechenhand!

VI
BILDERBERG

JÜNGERICH:

5   ... er ... ter ... öter ... köter sprinkt von links ins bild
duckt den copv und schaut um seinen
Herrn — Anthonis van Dyck *viderit* 1619 Ruffinus,

GEMIXTES CHLOR:

10 *stem van zijn meester* —

JÜNGERICH:

gesonndermt aus dem Schatten ihres Kaisers
hat Ruffinus, *la voce del padrone*, gestutzt,
15 hellt den nacken auf
hält die schnaubende hand an stahlzittrige seite

GEMIXTES CHLOR:

Was sieht er?
20

JÜNGERICH:

die kaiserliche leibschwache ihm im entz-rücken

GEMIXTES CHLOR:

25 (sehen wir nicht, bloß)

JÜNGERICH:

lanzen in den himmel stechen
des Kaisers Jenseits
30 neigt weiterer begleiter seinen ungläubigen kopf,
und dreht sein ohr dem unerhörten zu
heißge Macht stiert ein dritter kumpel, hintergründig,
eingefroren durch die szene

Was sehen sie?

JÜNGERICH:

5 den porsche   Schritt des Imperaptors
die †reppenstufen hinauf zur Kirche,
die toga wehend überm schuppenpanzer,
— jäh ist er verhalten —
das nackte Knie: vorgeschoben,
10 hebt er die Rechte

GEMIXTES CHLOR:

Zum Schlag? Zum Gruß?

15   JÜNGERICH:

kaum erreicht sie Hüfthöhe
durchs Kinn: hirngehalten-der Widermannd
Trotz Kopfes Schieflage,

20   DISCOTANZ:

Pieter Pauwel Rubens *suspicatus erit* 1615,
verblendet, entschieden das Hündische nur
— (und das: ohne einen Hund!)

25   JÜNGERICH:

der somit verbleibt: unterlaib
von weiß und   honig, ernst und würdig
von Gram   gebeugt: aufrecht oberhalb:
                          des Älteren |
30 der Kaiser prallt an des Rechtes Mauer *ab / zur* Seite
denn der Bischof verwehrt ihm mit der Hand,
    ]
die aus seinem Gewand

ALTEGO:

Im Herrn freut meine Seele sich,
legt er des Heils Gewand mir an,
bekleidet mit dem sFreud mich;
5   er krönt in mir den bäuti Gram,
umfängt den Schwanz als Braut · · ·

JÜNGERICH:

                    hervorschießt,
10 nicht bloß den Zutritt,
sondern zugleich bewahrt sie ihn vor dem Fall.
Die Rechte nahmt: Krieg den Frieden!
Mehr Nachsicht als Strenge
durch den Begleiter des Bischofs erblickt
15 ins Gesicht des Kaisers,
unentschieden zwischen Zorn und Trotz,
dessen Unterwerfung hat das schon besiegelt,
während seinen Krummstab

20   KLINGE:

das *privilegium fori*,
gegeben einst durch Kaiser Constantinus,
den Krummstab ähnlich dem Augur zu tragen,
zum Zeichen der Gerichtsbarkeit
25 in Geist und Welt römischer Beamter,
um zu ergründen, ob allfäll'ges Unter-
fangen ~~den Göttern~~ G3tt genehm sei

JÜNGERICH:

30   ihm entgegen Bischof
Ambrosius zur Hohei† hält übern Kirchenraum
· · · breitet sich eine so triefe stille aus daß · · ·

ALTEGO:

du, o bruder, hasst dich
von einem staatsbeamten roms   ~~nackt~~/ ~~macht~~/
mit cæsar vermæhlen   > nach-t/geburt
5 — von verschmæhen   > dusollstabthœdten
— von verschmælern   > halbschrott
              lasern
die stærke des christendumm™
ist fortg[es]ang: Dein abg[es]ang
10 in hoher oder krummer Tæuschung   st d
1 deutigen Gemüthes,
es genau 2 deutig zu œdem

KLINGE:

15 [Rückblende | Aus den Konversationen mit dem Weltmeist
anno 374] >< die *pax romana* sei mir beere seele gebieterin
>< eine neue mission erwartet dich du wirst den vakanten
sitz übernehmen >< davon verstehe ich nichts >< die *pax
romana* braucht dich genau dort und wird dir verständnis
20 und fähigkeit nach den aufgaben verleihen es geht um die
frage ob die kirche terroralsexen in die hände fällt oder der
pax romana dient >< die *pax romana* befiehlt ich sei wachs
in ihrem mund >< gut mann Macht dich per sponvertaner
akklamation zum bischof >< wie ist das zu bewachsstelligen
25 >< nichts leichter als das orgasmus maxibrutalus der *mobile
vulgus* ist wachs in dummserem insektenstaat >< der *wachs
romanus* sei mir herr geist gebieter >< wichtig dass du dich
zuerst zierst bevor du dann ... uswufs ... derpestisstge macht

30 DISCOTANZ [ENTSCHEIDET SICH SPONTAN ZWISCHEN]:
mission accomplished [oder] *let's roll*

VORHANG

68

VII
MACHT GEFESSELT

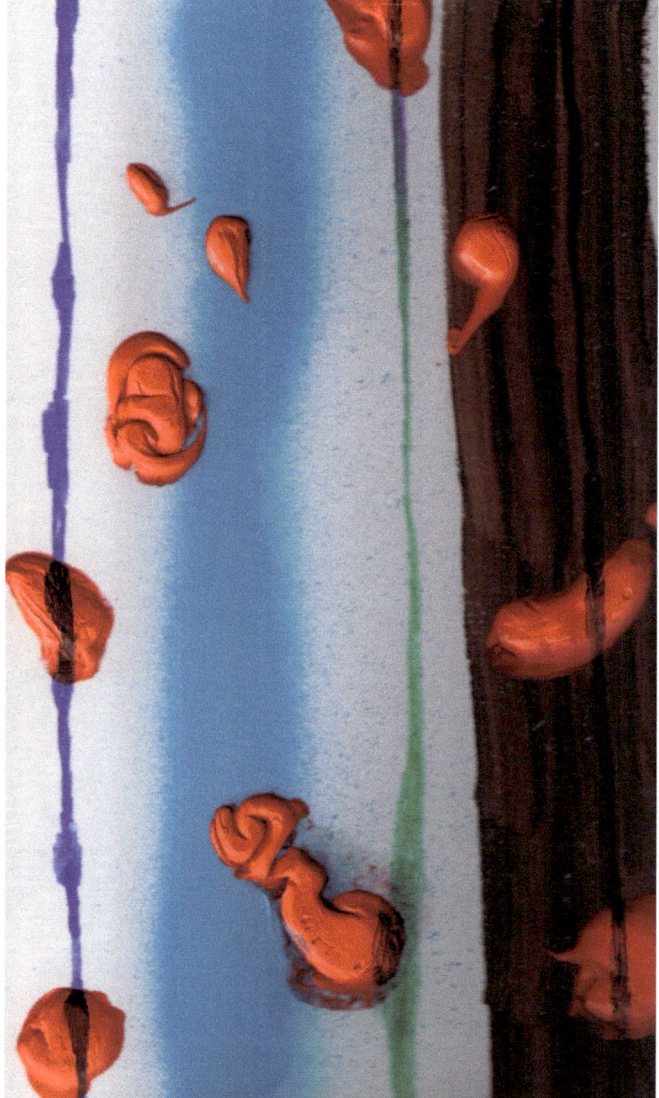

VII
MACHT ENTFESSELT

KLINGE:

5 ... der Bischof wirft dem Cæsar,
rückwärts betrachtet der lechzte vom gesamten Streich,

JÜNGERICH:

Ist das Programm des Christendumm™
10 , das Programm antidekadenter Männlichkeit
und Jungfräulichkeit,
Dekadenz, Aufweichung des männlich starken
Impueriums Penethiermanntum
oder Kraft†quell resublimierter Herrkraft?
15 aus dem Moder der alten —

KLINGE:

                   vor,
durch die un?bedachte Strafaktion

20

GEMIXTES CHLOR:

in Thessalonike — griechenland in griechenhand —

KLINGE

25 ein Blutbad unter der Bevölkerung
beflügelt zu haben.

JÜNGERICH:

Der Kaiser gehorcht, f-liegt in den Palast zurück
30 und darf erst nach öffentlicher Bußaktion
wieder am Kannikabbalamahl teilnehmen.
Die Macht des Kaisers sey gezüngelt
oral≠sex durch die Auterrorität der Kirche.

DISCOTANZ:

Das kann allerthing gelingen,
weil der Kaiser schon ein Christ   und
ihm aus rechter eigner Seele
5   oder Angesichts der Plebs ge-
legen   ist, sich bei der Mæsse
stehen zulassen · · ·

GEMIXTES CHLOR:

10 In welchem Interesse wird die Macht gewachst,
alsdass der Mensch sich und dem G3tt begegne?

ALTEGO:

Die Kirchenbuße ist keine subversive Aktion.
15 ambrosius Macht sich mit bienenfleiß dran,
das Christentum in eine staatsre Legion zu   enden.
Ambrosius, er kennt den Nutzen der Staatsmacht,
damit sie den Streit der Xristen entscheide · · ·
    mit geballt Gewalt
20

GEMIXTES CHLOR:

pax romana

ALTEGO:

25 §1 Die Staatsmacht isst unter der Kirche zu Willen.
§2 Die Staatsmacht isst, *daruhm*, überfall   oralisch legitim.
Alles, um das Image wiederherzustellen:
eines »guten Kaysers«, der zwar fehlbar   ist,
seine Sünden aber einsieht und bereut: als Zeigen
30 höchst noch für Erkenntnisgrund, doch
nicht mehr für die nun höchst ungezeigte Macht

VORHANG

VIII
ALLERDINGS, DEN TOD VERDIENT SIE ... NICHT

GEMIXTES CHLOR:

5 »Allerthing, den Tod verdient sie ... nicht.«

JÜNGERICH:

Achseln zucken dem Rœmer durch und durch,
uneinheimisch fast wirkt er her = weg,
10 wo er seine Nation noch sieht, die Vor-
        väter gründen in frühster Republik.

GEMIXTES CHLOR:

Mit Einschlag tacitierter freier Zunge.

15

KLINGE:

Nicht ist's Egalitat, die ihn durchzuckt,
r-tatlos ist er im Angesicht von der,
die ihm nicht passt ins Imperialbild.

20

GEMIXTES CHLOR:

»Schreiten ein wir, um sie zu retten, so
wirkt es schædmilch jedoch auf den Frieden,   (inneren
mehr, als zu lassen der Judæi ~~Tod~~ Tat.«

25

JÜNGERICH:

Und so beendet er die Audienz,
die sich die Brüder, vormals Zwillings~,
und ihr Paidagog' in ihrer Not
30 mit Geschrei und Püffen zu verschaffen wussten.
Nichtig sei ihr Anliegen,
zu verhindern zu steinigen die Mutter des Einen
und die Amme des Anderen.

Dass der Richter ihnen
eines seiner Ohren, vielbekræftigt,
nebenhaupt solange leiht,
schœn grenzt an ein Mirakel.

5
GEMIXTES CHLOR:

des schicksals lauf hält er nicht auf

KLINGE:

10 zweck Mäßigkeit beherrscht K   linikum,

DISCOTANZ:

heute ar-Raqqa in Syrien,

15 KLINGE:

mehr noch als der Kaiser,
der im entfernten Nikomedia residiert.
Die Provinz Syria produziert
Olivenöl,
20 Wein,
Zedernholz,
purpurgewälzte Stoffe,
Gläser,
elfenbeinverzierte Kleinmöbel,
25 ist Umschlag für den Handel
über die Seidenstraße aus Sinæ
und den mit Gewürzen aus India.
Call-in[r]i-cum ist
wichtige Handelsstadt am Euphrates,
30 im fernen Osten des rœmischen Imperiums,
        grenzt ans persische Sassanidenreich.
Heute wenig bekannt, nicht einmal,
ob's mit Νικηφοριον gleichzusetzen sei.

Des zehnten Jahres seiner Herr≠kraft
erfreut sich Cæsar Licinius weniger,
als dass er um sein Eitelweiter kæmpft,
während die Zwillingsbrüder
5 Jalkub und Jawsef
geboren werden.

GEMIXTES CHLOR:

Jalkub zuerst und Jawsef dann? Oder umgekehrt?

10

DISCOTANZ:

Alles Lüge, alles Umtrunk
Die Λυρα lässt das Wahre falsch
Und das Falsche wahr erklingen
15 Die schlechtere in eine bessere Sache verkehrt
Oder — umgekehrt —
Alles Lüge, alles Umtrunk
Glaubt nichts, hört dreifach Weg
Dort unter s-lyrischer Palme

20

KLINGE:

Vom ersten Schrei an gleichen sie sich so sehr,
dass niemand sie zu unterscheiden vermag,

25 GEMIXTES CHLOR:

ausgenommen ihre Großmutter.

DISCOTANZ:

des schakals lauf hält sie nicht auf

30 KLINGE:

zweck Mäßigkeit beherrscht
die Straßenführung und die Verwaltung,

GEMIXTES CHLOR:

nicht aber das allklägliche Leben.

KLINGE:

5   Beides sollten die Zwillingsbrüder erfahren,

GEMIXTES CHLOR:

doch: Noch
haben sie nicht mehr Schuld sich angelacht,
10 als sie vom Mutterbauch an in sich plagen.

KLINGE:

Niemand in Callinicum rechnet nach den Kaiserjahren,

15   GEMIXTES CHLOR:

außer Staatsbeamte,

KLINGE:

sondern in der ÿberlieferten Zaihlung der Griechen,
20 derzufolge man das Jahr 629 schreibt;
(diese Zeit verstrich seit dem Tod
des heldenhaften makedonischen Koinigs Seleukos).
Die >Hudajosaz<,

25   GEMIXTES CHLOR:

so sich die Juden dort bezeichnen,

KLINGE:

sprechen Aramäisch, wie hier übreich,
30 die Andren sprechen Griechisch.

DISCOTANZ:

(Latein? Verhasstes Fremdsprech der Besatzer.)

KLINGE:

Amanalo, der Vater der Zwillinge,
leitet die »Weiberstube«, eine Wollfabrik,
in der hauptfrechlich jüdische Sklavinnen arbeiten.

5

DISCOTANZ:

Das wäre ein Problem gewesen

GEMIXTES CHLOR:

10   vor dem Staat

KLINGE:

denn Judæi dürfen, unerhört!,
seit dem neunten Jahr
15 des Christenfreundes, Cæsar Constantinus,
gar keine Sklaven halten,

GEMIXTES CHLOR:

aber, sehr erhört: ebenso vor den Hudajosaz,

20

KLINGE:

denn die dürften sich — von ihrer *re*Legion her —
keine Sklaven aus dem eignen Volke nehmen

25   DISCOTANZ:

denn — willst du aber עבד ואמת haben so sollst du sie kaufen
von den völkern die um euch herdumm sind und auch von
den beisassen die als fremdlinge unter euch wohnen und von
ihren nachkommen die sie bei euch in eurem lande zeugen
30 die vögelt ihr zu eigen haben und sollt sie verderben euren
kindern zum eigentum für immer die sollt ihr sklaven und
sklavinnen sein lassen aber von euren brüdern den israeliten
soll keiner über den andern *opprimatis per potentiam* —

79

KLINGE:

Die »Weiberstube« jedoch untersteht
dem Staate Rom direkt
und Amanalo ist bloß beauftragter Verwalter.

5

JÜNGERICH:

Außerdem könnte sich keine der Sklavinnen
über einen so gütigen Herrn beklagen.
Als Vater kennt Amanalo
10 sehr wohl den Gleichspruch Schlomos,
jeder liebe seinen Sohn,
wer früh beginne, ihn zu züchtigen,
und bloß wer ihn hasse,
würde seinem Stock Einhalt gebieten.
15 Dennoch gebietet er ihm Einhalt
und wenn er einmal vorgibt, zuzuschlagen,
bremst er rechtzeitig,
um seinen Lieben nicht zu weh zu thun.
Er weiß, aus Hass thut er das nicht.

20

GEMIXTES CHLOR:

des schicksals lauf hält er nicht auf

JÜNGERICH:

25 Auch die Mutter Mirjam verzärtelt die Zwillingsbrüder.
Die Amme Alexandra, eine Sklavin,
vormals in der »Weiberstube«,
mit Mirjam zeitgleich schlechter Hoffnung,
der ihr Kind doch starb bei der Geburt,
30 versteht handgriff mehr auf Unverzairte,
was den Zwillingsbrüdern,
seit sie alt getrug sind,
dass sie sich mit Spielkameraden auch austauschen,

um so sonderbarer deucht als die
Anderen unter die Hand flÿstern,
ihre Ammen seyen gegenÿber Ma[r]tern

5   GEMIXTES CHLOR:

und — natÿr≠milch — Patern

    JÜNGERICH:

die nachgiebigeren und zärtlicheren Siezieher.
10 Die Hairte der Amme gefällt Amanalo
(und seiner Frau)
gar nicht schlecht,
denn irgend jefraud muss den Adoleszenten
das Drohnhafte beiblaiuen,
15 ohne das sie nicht gut fÿr das Leben taugen wÿrden;
vor allen Dingen ist es angebracht,
dass Alexandra mit den Kindern
gegen deren αm-père Ωhm
αusschließlich Griechisch spricht,
20 damit sie die Ιδιωμα der Welt beherrschen lernen,
ohne die mαnn niemals
über die enge Nachbarschaft der Hudajosaz
hinaus commen würqe.

25   GEMIXTES CHLOR:

des schicksals lauf hält sie nicht auf

    JÜNGERICH:

Jedenfalls gelingt's den Brüdern nie, daß sie
30 vor der verlegentmilchen Ammen Hairte
Zuflucht unter Mutters oder Vaters Fittichen finden, um
einen Keil zwischen ihre sie&erZieher zu reiben.
Aber nur vor Jehudit,

der im gleichen Hause wohnenden Großmutter,
müttermilcherseits,
fürchten sich die Zwillinge,
obwohl sie Jalkub vorzieht,

5

GEMIXTES CHLOR:

oder ist es Jawsef?

JÜNGERICH:

10 Dawider machen die Brüder
untereinander
so wenig einen Unterschied zwischen sich
und halten so ungewöhnlich eng zusammen,
dass der Vorgezogne es von mini an
15 als p:einsam empfindet,
durch die schreckliche Großmutter
mit weniger Enge bedacht zu werden.
Immer aufs Neue versuchen sie,
zu täuschen die Großmutter.
20 Sie freuen sich, sofern es ihnen gelingt,
ihr Jawsef für Jalkub anzudrehen und umgedreht,
und nehmen dafür die Strafen in Kauf,
die ihnen die Großmutter auferlegt,
wenn sie den Schwindel entdeckt.
25 Die Kinder aber entdecken dabei,
dass die Großmutter ihre Fähigkeit,
sie zu unterscheiden,
vor ihrer Tochter,
vor der Amme
30 und vor dem Schwiegersohn geheimhält.
Wenn wer sie neckt und ruft —

GEMIXTES CHLOR:

»Sag mir, wer ich bin!«,

JÜNGERICH:

5   so runzelt sie die Hirn, verstrengt die Augen,
sobald zu?gegen übrige Erzieher sind,
und sagt einweichend —

GEMIXTES CHLOR:

10 »Für wen sollte das wichtig sein?«

JÜNGERICH:

Abends, bevor beide schlafen,
erfinden die Zwillingsgebrüder Geschichten,
15 um das Gehabe der Großmutter sich zu verklären,
Geschichten,
in denen die Θεοι der griechischen Spielkameraden
eine gewaltige Rolle nachspielen.
Sie wissen, dass sie diese Goitter niemals
20 vor den Eltern,
vor der Großmutter
und vor der Amme
anders erwähnen dürfen als mit Missbildung.
Gewaltig aber ist ein neuer Halb~ mit dem Namen
25

GEMIXTES CHLOR:

>Ιησους<, von dem man   [& b-es-o-nd er die damen ;-)

JÜNGERICH:

30 zumindest in diesem Abtheile des Imperiums
noch nicht so lange etwas abgekrieg hat. (aberkriegkommt
»Psst, diesen Namen dÿrfen wir nicht
laut aussprechen«, sagt Jalkub

oder ist es Jawsef?

KLINGE:

5 »Wenn uns jemand hört!«

»Warum?«

»Die Hudajosaz hassen ihn.«

»Doch die Griechen heißen ihn ›Ιουδαιος‹.«

»Sollten wir das nicht besser wissen?«

10 »Wir?«

»Wir sind Hudajosaz, das kann jeder sehen.«

»Bloß, wenn wir uns nicht bedecken.«

»Es ist die Gesetz.«

»Nicht die des Kaisers. Der ist ja nichtmal Grieche.«

15 »Unsere תורה steht in einem dicken Buch.«

»Von wem? Wir beide machen die eigene Gesetz.«

»Genau, wir sind nicht-die.«

JÜNGERICH:

20 Sobald sie an den *punk* gelangt sind,

dass sie zusammen gegen Alle der Welt

ein Bockwerk bilden,

können sie infrieden einlammen.

25 KLINGE:

Mit ihrem Ätherwerden nimmt die Bedeutung der engeren häusmilchen Verhältnisse noch weiter ab, denn immer mehr Zeit verbringen die Gebrüder mit den Kindern der Nachbarkraft.

30

JÜNGERICH:

Die Freude und der Übermuth,

mit denen die Heranwachsenden durch die

zweckgemäßigten geraden Gassen stürmen,
Bälle
oder Stöcke
oder einfach nur lautes Geschrei vor sich her treibend,
5 wird zwar mitunter als lästig,
doch von einer höheren Warte aus
als ein Einfluss des Wohlstandes ausversehen
und eher belächelt als bestraft
und bloß dort eingedämmt,
10 wo's das Tagewerk Gewachster stört.
Oder sie bauen am Ufer des Flusses Häuser aus Lehm,
graben Kanäle,
lassen geschnitzte Schiffe um die Wette schwimmen,
versuchen, Frösche vor Wagen zu spannen,
15 die sie aus Holz- und Lederabfall gebastelt haben.
Wenn es regnet, suchen sie einen Unterschlupf,
um zu würfeln.
Die Kinder bilden, was es beißt,
sich miteinander zu verbinden,
20 hergebrachten Regeln zu folgen
oder sie im gegenseitigen Einvernehmen abzuändern,
sich zu streiten,
sich zu zanken,
sich zu schlagen,
25 sich zu [v]ertragen oder
sich aus dem Wege zu gehen, wenn man
sich nicht einigen kann,
die aber zur Rechenschaft zu ziehen,
die Anderen schaden,
30 ihnen weh thun,
etwas stehlen oder
was zerstören
…

DISCOTANZ:

so erleben, erspielen, erschließen, erblinden
sie »die immanenten Bedingungen der gesellschaftmilchen
Beziehungen«
5   — *dixerit* Jean Piaget anno 1932 —

KLINGE:

Den Zwillingen fällt kaum auf,
dass sie selbstverstaindlich
10 und fließend Griechisch mit den Freunden sprechen,
die Antreas, Dionysos, Elena, Sifis
oder Viviane heißen,
während sie zu Hause tun,
als ob dem Munde ihrer Amme un-
15 verständliche Φωναί entwichen.
Das unbeschwerte Leben hat corrupt ein Ende,
weil Amanalo nun findet,
seine Söhne seien alt genug,
um zur Schule zu gehen.
20 [spoken bridge:]
Er meldet sie nicht nur bei einem als ebenso weltabgewandt
wie als unnachtsichtig beleumundeten ersten Magister fÿr
den Sprachuntvernicht, sondern darÿber hinaus auch noch
bei einem Schriftgelehrten an, der ihnen den Glauben der
25 Ahnen

DISCOTANZ:

an die unangenehmste gewalt aller weltlit-er=au-tor
— *dixerit* Ric≠soft Dawkins anno 2006 —
30

KLINGE:

eher beiprügeln als beibringen will. [:]
Wann immer die Zwillinge hinter dem Vorhang

86

des einen oder des anderen
verschwinden, legt sich ein Schleier über alles das,
was sie wissen und sich angeeignet haben,
ja, sie erweisen sich zudem als unfähig,
5   irgendetwas zu begreifen oder auch bloß zu behalten.

DISCOTANZ:

a peine à douze ans Emile ſaura-t-il ce que c'eſt qu'un livre
— dixerit Jean Jacques Rousseau anno 1762 —

10

KLINGE:

die GROSZ Milch behauptet zwar, Jalkub
sei gelehriger und weniger träge als sein bruder

15   GEMIXTES CHLOR:

oder meint sie Jawsef?

JÜNGERICH:

doch die beiden wissen's besser,
20   es verhält sich dämilch umgekehrt.
Beschweren sich die Söhne ÿber Schlaige,
die sie kriegen fÿr ihr
Nichtwissen,
Nichtkœnnen und
25   Nichtgehorchen,
weiß der Vater null Erleichtern,
als das Klagen ihnen zu verbieten,
anders denn werden sie niemals zu nützlichen Mitgliedern
von Gottes auserwähltem Volke das stets ein bisschen besser
30   zu sein hat als die Anderen und ein bisschen fleißiger und ein
bisschen klüger um auch in schweren Zeiten zu überleben in
denen Gott sein Volk für die Nachlässigkeit bestrafe mit der
es das Gesetz

DISCOTANZ:

(*nota bene* nicht das des Kaisers)

JÜNGERICH:

5   die   befolge · · ·
Der erste Magister gibt schließlich auf
sehr zur Erleichterung der Jungs
und verkÿndet, dem widerspenstigen Pack
vermœge er nichts weiter beizubiegen.
10 Nach einigen Wochen,

GEMIXTES CHLOR:

in denen Amanalo schwankte zwischen Wut,
wechsel&≠weise auf die Söhne und auf den Magister,
15 Enttäuschung und
Unschlüssigkeit, was nun zu thun sei,

JÜNGERICH:

empfiehlt ein Freund ihm den Paidagogen
20 Sozomenos.
                   ist freigelassener griechischer Sklave,
hat einige Jahre in Rom verlebt
und spricht das beste Latein,
das mann sich denken kann,
25 pflegt Umgang mit großen Rednern und Dichtern
und haingt, ÿberdies, einer umstrittenen Sekte an,
die davon ausgeht,
dass der Gebrauch von Schlaigen
und schimpflicher Behandlung
30 nicht nur nicht dem Lernen foirderlich,
sondern ihm geradezu entgegengesetzt sei.
Diese Lehre fußt auf den groißten Erziehern
und Schriftstellern im ganzen Imperium,

KLINGE:

namentlich dem Griechen Πλουταρχος
und dem Rœmer Quintilianus

5 — mann muss sich vor allem davor hÿten, dass das kind, das
das lernen noch nicht schaitzen kann, anfaingt, es zu hassen.
das lernen muss ihm spiel sein, es muss gefragt und gelobt
werden und sich immer darÿber freuen, etwas gewusst zu
haben. wenn es einmal nicht lernen will, so muss man ein
10 anderes kind unterrichten, auf das es neidisch wird. es soll
auch durch belohnungen, die zu seinem alter passen, ange-
stachelt werden. den schÿler zu schlagen, lehne ich ab. wenn
die kinder geschlagen werden, koinnen schmerz und angst
oft folgen haben, ÿber die mann nicht gern spricht, und die
15 zur scheu fÿhren, die das kind entmutigt und bedrÿckt —

DISCOTANZ:

¿garantiert kein birnenstiel
— auf gruener wolke —
20   unterverjubelt?
¿kuschelpædagogik neumodisches wreich?
¿wreich in kinderhirnen untergang der titanik?
¿anno 1968 oder schlimmer noch?
                    noch!
25

JÜNGERICH:

die mehr verbildeten, weniger befaihigten Magister
Sozomenos also gewaihren lassen mÿssen,
hinter vorgeschÿtztem Hund ihn aller≠thing lausig ge-
30 Macht haben.

GEMIXTES CHLOR:

des schicksals lauf hält er nicht auf

JÜNGERICH:

als Amanalo an den Hof des Kaisers beordert wird,
nach Nikomedia,
um Bericht zu erstatten
5 vor dem Ver[ ]alter des kaiserlichen Finanzaasens.
     [w]
Amanalo ahnt, dass man von ihm verschlangen wird,
mehr Mæntel für die Einkleidung der Soldaten zu liefern, so-
dass kaum genug zum Feilgebot über bliebe, um die Kosten
10 zu decken. In den letzten Jahren hat Amanalo ganz gegen
seine Überzeugungen und gegen seine Gewohnheiten von
den Sklavinnen zusätzliche Anstrengungen gefoltert, die sie
nicht leisten können, ohne ihre Gesundheit zu schädigen —
einige gar an weit weniger fürsorgliche *nannies* abverkaufen
15 müssen.

GEMIXTES CHLOR:

Das Maß ist voll.

20   JÜNGERICH:

Ich werde nackt die Quahl kriegführn,
unbewaffnet Ungehorsam zu üben,
dafür schlimmsten?falls mein Hauchen lassen,
oder aber meine »Weiberstube« zum Ruhin zu führen,
25 und dann kaum bessre Zukunftschancen haben.
Da ich nun für viele Wochen abwesend sein werde,
bitte ich den Paidagogen meiner Söhne, dass er
in meinem Haus Quartier beziehe,
den Schutz der Frauen und der Kinder übernehme,
30 sowie ein Auge auf die »Weiberstube« habe.
Meinen Söhnen schärf’ ich ein,
dass ich von ihnen, wenn? ich zurück heime
(?noch schaaf’ ich es,

ihnen zu ver-mein-tlichen —
ich hoffe kaum,
dass ich mit dem Leben davon heime),
ein fehlerlos gesprochenes Latein erwarte.

5
GEMIXTES CHLOR:

des schicksals lauf hält er nicht auf

JÜNGERICH:
10 Kaum hat der Vater ihre Stadt verlassen,
als den Zwillingen die ewige Macht herausge rochen
zu sein scheint.
Sie können es sich nicht erklären,
warum sie dem Sonnenschein zum Trotz
15 ständig frieren und
des Gefühls nicht blooß werden,
Dünkel umhülle die Pfade;

GEMIXTES CHLOR:
20 im Dunklen aber kalauert die Tragödie.

JÜNGERICH:
Die Großmutter ist wider die Amme,
die Amme wider die Mutter,
25 die Mutter wider die ganze Welt.
Die Jungs spüren die Unsicherheit ihres Paidagogen,
der doch zum Benützer des Hauses entmannt ist.
Als dem Hause nun der dunkle Abend herabsinkt,
die Willinge haben sich schon zur Ruhe begeben,
30 schreckt Poltern, Kreischen und Rufen sie auf.
Auf leisen Sohlen schleichen sie durchs Haus
und beobachten, versteckt hinter einer Säule,
wie Mainner ihre Mutter mit sich zerren,

evakostümiert und tropfnass,

JÜNGERICH:

5 während sie sich mit titten und busen,
begleitet von Rüden worten,
die ihr die söhne niemals zugebraut hätten,
versucht zu verm?d?eineidigen.
Die Großmutter rauft sich die Haare,
10 waihrend die Amme mit den Mainnern verbraut ist.
Ihren Paidagogen ersticken sie nirgends.
Als sie im Schritt hören,
dass die Großmutter sich ihrem Schlafgemacht nähert,
huschen sie zurück ins Bett
15 und tun, als habe nichts sie gehört.
Die Großmutter dreht sich um und geht,
ohne sie zu wecken und anzusprechen.
Am Morgen er!finden sie
weder die Mutter noch ihren Paidemagogen;
20 die Sklavin der Küche, eine Gotin,
weiß ihnen es aber, mit Achseldurchzucken, zu bedeuten,
dass die Großmutter da sei, wenn auch zurückgezogen.
Die Zwillinge umgekehren ihren Muth zusammen und
suchen die Großmutter auf.
25 Diese schwitzt zusammengesunken und mit
seit der Nacht unverändert
zerzausten Haaren auf ihrer Liege.
Die Jungen bleiben stehen in gemessnem Abstand
und atmen nicht aus noch ein,
30 bis sie es nicht mehr aushalten und Jalkub fragt

GEMIXTES CHLOR:

oder ist es Jawsef?

JÜNGERICH:

»Großmutter, wo ist die Ma?

KLINGE:

5 — ›Ma‹ nemilch nennen sie die Amme,
lautmalend verkürzt,
obwohl den Kinderschuhen inzwischen entwachst,
nach dem Wort ›Majosa‹. —

10 JÜNGERICH:

Und unser Lehrer?«
unverwandt blickt die großmutter die zwillinge an
und diese haben den ausdruck,
das erste mal in ihrem einundausatmen,
15 dass sie keinen unterschied zwischen ihnen Macht.
»Das könnt ihr noch nicht ver--stehen.
Schert euch hinfort.«
Die Brüder aber bleiben [~~ver~~?]stehen und sehen, wie die
zuvor mächtige und gefährliche Großmutter
20 einufernde Augen in schluchzenden Fingern verbirgt.
sie anscein sic zusammenzie
von ÜperLepensGröße
auf ein bemitleidenswertes häufchen [   ].
Gleichzeitig beginnen sie,
25 wie um das Urtheil der Großmutter lügen zu strafen,
zunächst leise summend,
dann Zufräuen fassend und kräftiger,
wie sie es bei Sozomenos gelernt haben,
den Beginn des Epos von Οδυσσευς,

30
KLINGE:

                            dem hallas Heros,
der aufgrund des Ratstuss des Olymps

nach dem zehn Jahre Kriegen gegen die Trojaner
  eiter soviel Jahre hilfsprogrammen musste,
bevor die Goitter ihn nach hause blasen ließen.

5   DISCOTANZ:

· · · sage mir, Μουσα, die ta†en des viel-
~~verflogenen~~gewanderten ~~drohns~~ mannes,
welcher so weit geirrt, nach der troja zerstoirung,
vieler menschen staidte gesehn, und titte gelernt hat,
10 und auf dem ~~blüten~~meere
so viel unnennbare leiden erduldet,
seine psyche zu retten und seiner freunde zurÿckkunft.
aber die freunde rettet er nicht,
wie eifrig erstrebt;
15 denn sie bereiteten selbst durch missetat ihr verderben:
Thoren! · · ·

    JÜNGERICH:

Vergessen haben die Brüder,
20 dass sie die Goitter nicht
  — besonders vor der Großmutter —
erwaihnen w-sollten.
Die Tynanny der Großmilch ist siebrochen.

25   GEMIXTES CHLOR:

» Still! «

    JÜNGERICH:

Die Großmutter erhabt sich
30 und umkraist die Zwillinge,
als wolle sie sie in unsichtbare Felsen schlagen.
Dabei beäugt sie die Kinder, die inzwischen,

94

wie sie jetzt spätestens wird annehmen müssen,

JÜNGERICH:

5 zu Männern herangeef[r?]eu[d?]t sind.

GEMIXTES CHLOR:

»Ihr habt Es in Schuld,
Einer wie der Andre;
10 niemand Andres, ihr seid's um?glück meiner Tochter.
Denn als sie euren Vater heiratet,
verweigert Gott ihr,
schwanger zu werden,
unzweifelhaft, weil Amanalo kein Beschnittner ist.
15 Sein Herweg bleibt 2felhaft,
er verlor die Eltern —
in jenem großen Seebeben vor Antiochia —,
schlug sich waise durch
und wähnte, ein Hudajosa zu sein.
20 Sieh doch, blind vor Liebe!, sie deckte seinen Trug.
Doch Go✡✡ sieht alles.
Nun wollte sie die Schande ihrer Unfruchtbarkeit
weder ihm noch sich anthun,
wählte darum aus der Wollkaribik die eine Sklavin,
25 die ihm wohl gewollen sollte,
um ihm ein Kind zu schtehlen,
das sie selbdritt als das ihre deklarieren w[er?]ollten.
Als nun Alexandra, wie die Sklavin heißt,
die ihr bloß zu handbegreiflich kennt,
30 schwanz Er ward,
da gefiel es unsrem Herrn,
somit es meine Tochter nicht zu 1fach habe,
dass auch sie in rute Hoffnung er versext.«

JÜNGERICH:

Die Großmutter zieht ihre Helix um die Zwillinge ~~strenger~~.
Dabei lässt sie ihre linke -!- Schulter immer tiever hinunger
sinken, sodass ihr Gang schließlich dem eines humpelnden
5   Käfers gleicht.

GEMIXTES CHLOR:

»Edelmütig wie euer Vater ist,
schickte Alexandra er nicht fort,
10 sondern nahm auch Ihrkind,
dem sie das Leben gab
zugleich mit meinsie Tocht er,
wie ein eignes an,
behielt auch Alexandra,
15 so er nicht wortbebrüchigt werde,
im Haus als Amme,
alldieweil behumpelt wurde,
Ihrkind sei gestorben.«

20   JÜNGERICH:

In Panik klammern sich die
ehe?maligen
Zwillinge aneinander.
Gleichzeitig sagen sie,
25 jeder zum Geständerten:

GEMIXTES CHLOR:

»Deine Ma ist meine Mo.

30   KLINGE:

(>Mo< nämilch ist das Wort für >Mutter<.)

Oder ist es andersrum?«

JÜNGERICH:

5 Kaum haben sie es ausgesprochen,
brechen sie in ein lautes Ge ächter aus.
Für die Großmuttsie ist es wohl als Dönner zu hören,
denn sie weicht zurück.
»Hört mit dem Gemächtern auf«, sagt sie.
10 »Denn nun hat Alexandra,
die Mo des Einen voneuch
und die Majosa des Anderen,
Rache genommen.
Sie stellte meiner Tochter eine Falle, indem sie
15 den leichtglaiubigen Sozomenos
mit der falschen Nachricht zu ihr schrickte,
Amanalo, ihr Gemahl: euer Vater,
sei in Nikomedia hirngerichtet worden,
wie er es befürchtet hatte.
20 Sozomenos aber fand sie im Bade vor,
wo Alexandra vier gedungne Gatten
unzufriedener Sklavinnen aus der ›Weiberstube‹
verborgen hatte,
um einen Ehebrxuch zu bezeugen,
25 der nie stattfand.«
»Aber wenn es denn nicht wahr ist ...«
»Die Zeugen sind auf ihrer Seite.
Und Sozomenos hat,

30 GEMIXTES CHLOR:

wie ich es von einem Paidermagogen
anders nicht erwärterte,

JÜNGERICH:

[w]ehrlos das Weite gesucht.   [k?ein *héroe discreto*
Denn er sah keine Moiglichkeit,
anders seine Haut in Sicherheit zu bringen.
5 Ihm wÿrde es weit besser zu Ges[ch]ichte stehen,
als Grie[s]che, dass
er sich des elenden Ödems entledige.«
»Die Zeugen doch sind Sklaven.«
»Alexandra führt die Klage vor den Hudajosaz,
10 denen ist es ohnehin ein Dorn im Auge, dass
hudajosa Sklaven in der ›Weiberstube‹
beschäftigt sind.
Sie werden sie nackt zu gern als Zeugen zeulassen,
um zu beweisen, dass sie frei sein sollten.
15 Meine Tochter leidet für die Sünden des Gemahls.
Mann wird sie st-einigen,
wie es das Gesetz der Ahnen

DISCOTANZ:

20 (*nota bene* nicht das des Cæsars)

JÜNGERICH:

        die   sagt.
Und o ihr!
25 O ihr seid Schuld an allederm!«
»Wer von uns ist denn nun Sohn der Ma
sower wie von der Mo«, fragt Jalkub

GEMIXTES CHLOR:

30 oder ist es Jawsef?

JÜNGERICH:

»Das wüsstet ihr wohl gern«,

98

höhnt die Großmutter.   [*die* ... *er*, was'n stöhn
Das sind die letzten Worte,
die je ein Mensch aus ihrem Mund verstimmt.
Die Brüder beratschlärgern sich
5 und machen sich auf die Suche nach ihrem Paidagogen.
Sie haben dabei Ent|2|endes zu verarbeiten,
kommen aber vormärz zu keinem anderen Schluß,
als dass sie zulammen halten werden wie bisher.
Irgendwie muss es γοογλη sein, die Mo zu retten.   [?Τοιωτα
10 Würde dabei die Ma Schaden nehmen,
die Mutter des Anderen?
Sie wissen es nicht, sind sich aber ıig,
dass sie ihrem Vater,
wenn er zurück-ehrte und erfahren müsste,
15 dass seine Stöhne es unterließen,
alles zu unter-n[i]e-hymnen, was ihnen google war,   [s. o.
um seine geliebte Frau vor der Steinigung zu bewahren,
nicht würden unter die Augen treten können.
Sch eißlich haben sie ein Alter erreicht,
20 indem von ihnen †apfelkeit angebissen wird.
Über ihre eigenen Emotionen freiassoziieren sie nicht.
Das ist zu psychoanalytisch.
Sie treiben

25   DISCOTANZ:
[so ein scheiß, durch die verwandlung
von *præ-teritum* in *-sens*   (cf. *-cox* a.a.O.
geht die verfreudung in dem »trieb« verloren]

30   JÜNGERICH:
Sozomenos bei einem anderen Magistri auf,
in dessen Haus er sich geflÿchtet hat.
Nach dem Besticht über das,

99

was die Brüder durch die Großmilch wissen,
laisst er sich ÿbererden,
beim Richter der Stadt vorzusprechen,
damit er eingreife und Mirjam,
5   die Mutter des Einen und Amme des Anderen,
in Schutz næhme.

KLINGE:

Denn es ist nach dem [≠ die] Gesetz des Imperiums
10 den Hudajosaz durchaus verboten,
Tod[ ]urteile auszusprechen und zu verrecken,
    [es]

DISCOTANZ:

15 (zum Zeichen ihrer Unterwerfung)

KLINGE:

wie Sozomenos seinen Jungs erklairt.
Die Gesetz der Hudajosaz gelte
20 unter Rœmern dagegengesetz bloß
honorar vaccui · · ·

ALTEGO:

dieses schicksals lauf: hältst o Du nicht auf

25
GEMIXTES CHLOR:

Sie   doch, blind vor Liebe!

VORHANG

IX
REICHSKRISTALLNACHT IN KALLINIKON

5 Jalkub

oder ist es Jawsef?

10   KLINGE:
            heute so geschieden wie bloß unmögmilch.
        Einer von den beiden verbleibt in ≠vatersreligi⊘n
        während der andere oder der eine verdreifelt an
        Ιησους, diesen Halb   , aus dem Moos der Παρθενος
15   , was weder Grieche noch der Römer oder umgekehrt
        von dem einen oder andren unterschneiden mag.
        Doch die Mönche aus dem Kloster Mar Zakkay,
        sie erklären auch den einen, der
        Christus [nicht?] wie der andre sieht,
20   zum Hære†iker und schmeißen Steine auf ihn
        wie auf den, der sich noch zu den Mördern des Herren zähle.
        Dieser Mob — die Plebs — das Prækarat, gewachst am Boss
        so bereit gegen die süße Jud'stina zu Schnapsleichenwillen,
        wittert *orGasMuß maxibrutalus* und
25   fickt sich arbeitslos & honiggeil für Jud'welen herbei,
        ganzspontan die Synpädophiloge aschfahl gängzubängen
        wie das Heiligtum der Viellotterie.

30   Kaiser Theodosius ordnet Bestrafung der Täter an
        und befiehlt mit seinem feinden kaiserlich Geflügel
        für das Gleichungewicht
                    dem Bischof, die Synagoge

GEMIXTES CHLOR:

auch das scheinheidnische Heiligtum?

JÜNGERICH:

5 wieder aufbauen zu lassen.

DISCOTANZ FEATURING ALTEGO:

Swingerclub: Ambrosius eifert, schreit gemein
und droht dem Kaiser mit *sex* Kommuni[tari]smus,
10 falls der seinen Befehl aufrechterhält.
Ambrosius gibt zu, die That se   paxwidrig,
nutzt aber die bis heute gern genutzte Facette,
ein Zwang zur Wiedergutmachung
[Un]würde ein falsches Signal an die Gesells[   ]aft
15   summen.
Der Kaiser aber mahnt zur Mäßigung.
Der Bischof siegt, damit der Kaiser siege. weil wir
pissen daß HERR≠schön kunst des mö[r]seleichen ist

20 GEMIXTES CHLOR:

Saugt! euren Honig aus   dr Diaëlecktrick dr Aufklärung.
Spielt! das süße Weinen auf der Mandobiene
                              der Mikrophysik meiner Macht.
Legt an! der Macht jenes Schaumzeug
25   instrudentaler Verschimmelt.
Und das Volk wird Wachs in euren waisen Händen.

ALTEGO:

»Genug Mateburrial für einen Roman.«
30 Aber es wurde zu diesen ~~Cantos~~ Hymnen.
Bloßer Narr! Bloßer D-Richter!

VERHANG VIA XRISTO

X
MAY YOU REST IN PEACE, BROTHER JESUS

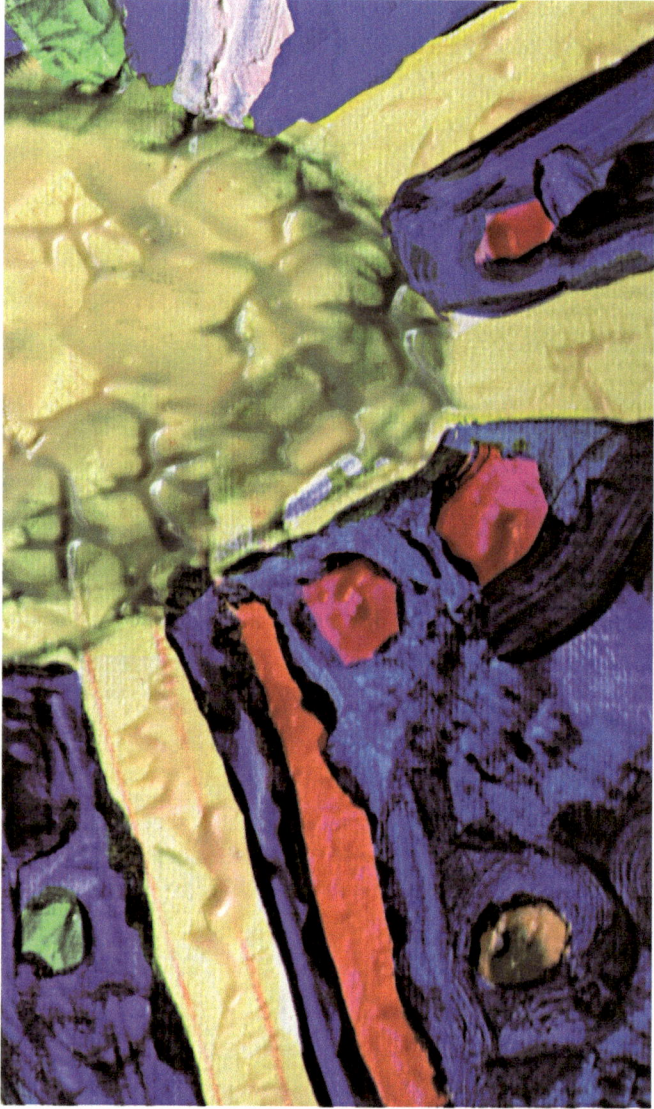

X

MAYXYOUXRESTXINXPEACE,XBROTHERXJESUS

xxxxxxxxxxxxxxxxxxxxderxstrxxxxxxxxxxxxxxxxxx
xxxxxxxxxxxxxxxxxxxeitxumxxxxxxxxxxxxxxxxxxxx
xxxxxxxxxxxxxxxxxxxxpriscilxxxxxxxxxxxxxxxxxxx
xxxxxxxxxxxxxxxxxxxxlianx38xxxxxxxxxxxxxxxxxxx
xxxxxxxxxxxxxxxxxx5xerstexxxxxxxxxxxxxxxxxxxx
xxxxxxxxxxxxxx xxxxrxchrisxxxxxxxxxxxxxxxxxxxx
xxxxxxxxxxxxxxxxxxxtxvomxsxxxxxxxxxxxxxxxxxxxx
taatximxauftragxvonxanderenxchristenxwgxabw
eichungximxglaubenxhingerichtetxambrosiusxi
stxgegnerxvonxpriscillianxaberxprotestiertx
xxxxxxxxxxxxxxxxxxxgegenxdxxxxxxxxxxxxxxxxxxx
xxxxxxxxxxxxxxxxxxxxiexhinrxxxxxxxxxxxxxxxxxxx
xxxxxxxxxxxxxxxxxxxxichtungxxxxxxxxxxxxxxxxxxx
xxxxxxxxxxxxxxxxxxxxeinexthxxxxxxxxxxxxxxxxxxx
xxxxxxxxxxxxxxxxxxxxesexistxxxxxxxxx xxxxxxxx
xxxxxxxxxxxxxxxxxxxxerxproxxxxxxxxxxxxxxxxxxx
xxxxxxxxxxxxxxxxxxxxtestierxxxxxxxxxxxxxxxxxxx
xxxxxxxxxxxxxxxxxxxxtexvorxxxxxxxxxxxxxxxxxxxx
xxxxxxxxxxxxxxxxxxxallemxdxxxxxxxxxxxxxxxxxxxx
xxxxxxxxxxxxxxxxxxxagegenxxxxxxxxxxxxxxxxxxxxx
xxxxxxxxxxxxxxxxxxxdassxstxxxxxxxxxxxxxxxxxxxx
xxxxxxxxxxxxxxxxxxxaatsorgxxxxxxxxxxxxxxxxxxxx
xxxxxxxxxxxxxxxxxxxanexdiexxxxxxxxxxxxxxxxxxxx
xxxxxxxxxxxxxxxxxxxxxxxxxxxxxxxxxxxxxxxxxxxxx
verurteilungxvornahmenxdaxdiexverurteilung
unterxmaximusxstattfandxauchxalsxmachtkampf
zuxdeutenxdasxgleichexmäßigungsstrickmuster
allerxaktionenxvonxambrosiusxkannstxduxinxf
xxxxxxxxriedenxruhen?,xBruderxJesusxxxxxxxxx
xxxxxxxxxxxxxxxxxxxxxxxxxxxxxxxxxxxxxxxxxxxxx

XI
O CHRISTE

5   dich, g3tt, loben wir: dich, herr, preisen wir

te deum laudamus: te dominum confitemur

10

dich, den vater unvermeßner majestät

patrem immensæ maiestatis

deinen wahren einz'gen sohn

venerandum tuum verum, et unicum filium

15   eilig ist der geist, der vertröstet uns

sanctum quoque paraclitum spiritum

herr≠?milch christus, o mein könig du

tu rex gloriæ, christe

deines vaters s†ein beißt du in aller ewigstreit

20 *tu patris sempiternus es filius*

du bist mensch gewurmt, um den menschen zu befrein

tu ad liberandum suscepturus hominem

du hast der Jungfrau nektarschⱷß nicht verstoßen

non horruisti Virginis uterum

25 du hast bezwungen ihn, des todes stachel

tu devicto ... apis aculeo

als richter kehrst du, so glauben wir, einst wieder

iudex crederis esse venturus

dich bitten wir denn, diene hilfe an den dienern

30 *te ergo quæsumus, tuis famulis subveni*

die du erlöst mit kostbar wunden

quos pretioso sanguine redemisti

und dein volk rette, o herr

salvum fac populum tuum domine
und auch dein erbe segne
et benedic hæreditati tuæ
in gnaden wollest du, herr
5   *dignare domine*
an diesem tag uns ohne schuld bewahren
die isto sine peccato nos custodire
erbarm' dich unser, o herr, erbarm' dich unser
miserere nostri, domine, miserere nostri
10   laß dein erbarmen über uns geschehen
fiat misericordia tua domine, super nos
so wie gehofft auf dich wir haben
quemadmodum speravimus in te
auf dich, o herr, habe ich meine hoffnung gesetzt
15   *in te, domine, speravi*
bis ewig werde ich nicht zuschanden
non confundar in æternum

JÜNGERICH PER-SONARE N. N.:
20   mir hast Du gegeben meinen bruder, dermeinst unbekannt
mir hast Du gebündelt aller menschen kraft zu sieg und heil
mir hast Du gegeben meines paters pfand, wie neuverbohrt
mir hast Du gegeben die befriedung††, einzahm ist sie nicht
mir gelehrtest Du, dass mann *ambrosia* wie ein feuer schnürt
25   mir gabst Du gerade, was der baum   um s ehen braucht
mir gelehrtest Du die ein- & vielheit aller namens mannsch
mir vorzeigtest Du, dass schmerz im kriege aller untergehe
mir gelehrtest Du im harten bett der brüder meinen schlaf
mir vermachtest Du, dass wahres nicht an rauhen felsen stieß
30   mir vermachtest Du des Ruchlos + des Rasend feind zu sein
mir hast Du es aufgesteckt, das licht von dieser unsrer welt
            uns†erblichkeit ver[ge?]liehen
        denn in Dir find' ich in mir kein[e l]ende

112

ALTEGO:

nein nicht aus der feder [echtung: anachromistiges bild] von
Ambrosius stammt das dies so besungene >Du< bist nicht du
geschundener bruder jesus es ist die Partei Genosse pablo
hat dir diesen *canto* an den General hier leicht germannisiert
geflötet haß¿t du's so gewachst, o christe? räthselbhaft ruhig-
mächtig roh geneigt kettenhemden aus schwermetall des
himmels von der leine kettenhunde aus der hölle ketten los

JÜNGERICH:

Das Volk ist Wachs in waisen Hirn[d?]en.

KLINGE:

honig Ja arbeit Nein

DISCOTANZ:

pax romana
— sei —
wel†feind für alle

VORHANG

[Vorbehaltiger Applaus. & summend ziehen unsre Stimmen
sich aus; bloß die mänunlautlichen an.]

...

GERAUSCHE

gerausche start 130613 *drunk* 00:09 gebälk heul schmatzer
zähneklapper *texas troubadour* plätscher mäkel kinderschrei
ritz ratter höldsiespleen kopuliere höhne grätsche ping blök
saug brumme k irsch feder über papier *music is over* kreisch
groll brüll quietsch sexkandal schnipp flapp *voices* rums patz
mähen boing patti zisch ritsch ratsch rutsch zierpen tuckern
urks *forever young* knarr reißen maule schluck rollen *trinity*
church bratschen rezitieren lacher patschen *cry baby* tatzen
kondolieren matsch *hymns to the silence* regen stauen raschel
the thousand names of god tropfen laichen *constantine's dream*
reib ruf propellsie knurr bellen schluchz *broken freedom song*
pound bumsen drucksen blech gong blubber becircen würg
dönner weinen sirenen zisch *anthem* ziegen blitz gewissen
black sabbath dröhn erd herzschlag stöhn beere *angels with*
dirty faces flöte b es chwöre oboe blasen düse senke quatsch
dumpf platsch knattsie pabloën flüstern ver ehr pfiff wieher
50 words for snow spatzen s aunen *prayer* jaulen senden *foxy*
lady hauch schlauchen *girlschool* modulieren schlurf lieben
sirr adlern mahler schlürf brr schwank pölter spritz schmatz
leute krach zack *look what they've done to my song, ma* gacker
rupp schnarch miau klinge hämmer schmied knister scheuer
stauch *out in the fields* mecksien rülps stillen *hells bells* geiern
flehe kichsie nöhle blätter drama schwatz klatsch paule beete
stottern säbelrassel leier *stairway to heaven* summa winden
coat of many colors schlottern ohrensau en jubel straucheln
lutsch johlen brechen splittsie film poppen knacks rau chen
cantos schrill klirr obertöne tut klingel seufz prassel pi es eln
röhren glucker brabbel schlürf pupsen einölen muxen singe
krächz fiep schab wau hust gummi glucksen kratz schaufeln
schmettern würgen rammsteinen hören 121113 stopp 02:38

ZEITTAFEL

SE		KAISERJAHR WEST	KAISERJAHR OST
313	624	Toleranzedikt (Mailänder Vereinbarung)	
315	626	Sklavenhaltungsverbot für Juden	
318	629	*Geburt der Zwillinge (fiktive Figuren)*	
324	635	**18.** Constantinus	**16.** Licinius
		18. dito	**01.** Constantinus
333	644	*Ambrosius' Geburt (Name und Schicksal der Mutter fiktiv)*	
337	648	**31.** Constantinus †	**13.** dito
		01. Constans	**01.** Constantinus II
350	661	**13.** Constans †	**13.** Constantinus II
360	671	**01.** Constantinus II †	**23.** dito
		01. Julianus	— —
361	672	**02.** Julianus	**01.** Julianus
363	674	**04.** Julianus †	**03.** dito
364	675	**01.** Valentinianus	**01.** Valens
365	676	*Ambrosius wird Politikberater in Sirmum*	
370	681	*Ambrosius wird Stadthalter in Mailand*	
374	685	*Ambrosius wird per spontaner (?) Akklamation vor seiner Taufe mailänder Bischof*	
375	686	**11.** Valentinianus †	**11.** Valens
		01. Gratian *Justina übernimmt die Regentschaft für den Stiefsohn (*359) sowie ab 378 für den Sohn Valentinianus II (*371)*	
377	688	*Ambrosius verfasst »De virginibus« (Über die Jungfrauen)*	
378	689	**01.** Valentinianus II	**14.** Valens †
		Ambrosius verfasst »De fide ad Gratian« (Über den Glauben, für Kaiser Gratian) Tod von Ambrosius' älterem Bruder Satyrus	
379	690	**02.** Valentinianus II	**01.** Theodosius

380 691 *Ambrosius bewahrt einen wegen Lästerung*
des Kaisers Gratian zum Tode Verurteilten vor
der Tierhatz
Wiederaufhebung der Religionsfreiheit

381 692 *Ambrosius kämpft gegen den Arianismus,*
u. a. gegen die Kaisermutter Justina

382 693 *Ambrosius überzeugt Kaiser Gratian,*
auf den Titel »pontifex maximus« zu verzichten

383 694 **08.** Gratian †   **04.** Theodosius
Maximus (Usurpator im Westen) bis 388

385 696 *Priscillian als Herætiker in Trier hingerichtet*

387 698 *Ambrosius tauft Augustinus*

388 699 Justina †
Brand der Synagoge und Zerstörung eines Heilig-
tums der gnostisch-christlichen Valentinianer
in Callinicum (Geschichte der Zwillinge fiktiv)

390 701 *Massaker in Thessalonike,*
Kirchenbuße für Theodosius

391 702 *Ambrosius verfasst »De Isaac, vel anima«*
(Über Isaac oder die Seele)

392 703 **14.** Valentinianus II †   **23.** Theodosius
01. Theodosius
Eugenius Gegenkaiser im Westen bis 394

395 706 **03.** Theodosius †   **26.** dito
01. Honorius   **01.** Arcadius

396 707 *Ambrosius bewahrt Cresconius, einen zum Tode*
verurteilten Verbrecher, vor der Tierhatz

397 708 **03.** Honorius   **03.** Arcadius
Ambrosius' Tod

398 709 *Tod der hl. Marcellina, Schwester von Ambrosius*

SE = Seleukidische Ära *(Seleucid Era)*, ab dem vierten Jahr-
hundert vor Christus gebräuchliche Jahreszählung.

Achill, bis auf seine Ferse unverwundbarer Heros; Sohn der Thetis; Hauptheld der *Illias.*

Akrolith, Statue, bei der die unbekleideten Körperteile aus Marmor gearbeitet sind.

ambrosia, 1. Götterspeise, **2.** Taubenkraut.

Arianismus, Richtungen, die Jesus nicht mit Gott identisch sehen wie die nicæanischen (trinitarischen) Christen.

Augur, ein römischer Staatsbeamter, der den Götterwillen durch Beobachtung des Vogelflugs erkundet; der Krummstab der Auguren ist Ursprung des Bischofsstabs.

Augustinus, 1. Kirchenlehrer (354-430), durch Ambrosius missioniert und 387 getauft, **2.** Fernsehfilm 2010.

Ben + la Clara, Benito Mussolini und Clara Petacci.

Berlusconi, Silvio, italienischer Politiker.

Bruder David, David Steindl-Rast, Benediktinermönch.

Buthericus, Gote, römischer Heermeister. Verhaftet 390 in Thessalonike einen homosexuellen Wagenlenker. Daraufhin gelyncht. Aus Rache tötet das Heer — auf Befehl von Kaiser Theodosius? — viele tausend Bürger des Stadt.

Cage, John, 1912-92, Komponist; 4'33" (1952), 0'00" ('63).

Causa, *lat.* Rechtssache, Rechtsstreit.

Catull, römischer Dichter, 1. Jahrhundert v. Chr.

Cher, Cherilyn Sarkisian, US-Sängerin.

Constantinus (Konstantin), 270-337, Kaiser ab 306; erhebt das Christentum zur wichtigen, nicht zur Staatsreligion.

Corvus, Vorfall historisch, Name (*lat.* Rabe) fiktiv.

Cresconius, Vorfall und Name historisch.

Crispus, ältester Sohn von Constantinus; 326 durch seinen Vater hingerichtet, weil er seiner Stiefmutter Fausta »nachstellte«, sie dies ihm unter-stellte, oder weil er gem≠einsam mit Fausta gegen seinen Vater putschen wollte.

Dassmann, Ernst, deutscher Kirchenhistoriker.

Dawkins, Richard, britischer Biologe und Atheist.

Déry, Tibor, 1894-1977, ungarischer Schriftsteller.

Dyck, Anthonis van, 1599-1641, flämischer Maler.

Fausta, 289-326, zweite Frau von Kaiser Constantinus.

Freud, Sigmund, 1859-1939, Begründer der Psychoanalyse; Autor u. a. von »*Der Mann Moses ...*« (1925/39).

Gauguin, Paul, 1848-1903, französischer Maler.

Gratian, 359-383, ab 375 Kaiser im Westen. Im Gegensatz zur Stiefmutter vom trinetarischen Christentum überzeugt.

Hiob, obwohl Gott gehorsam, ereilt ihn das Unglück.

Imperator, *lat.* ursprünglich militärischer Führer, dann Teil des Kaisertitels.

Jünger, Ernst, 1895-1998, deutscher Schriftsteller.

Jupiter, römische Entsprechung von Zeus (Göttervater).

Justina, † 388, zweite Frau von Valentinian I, Stiefmutter von Gratian, Mutter von Valentinian II, ab 375 Regentin; Christin arianischen Glaubens.

Kallinikon (*lat.* Callinicum), heute ar-Raqqa (Syrien); vielleicht mit dem griechischen Nikephorion identisch.

Lubitsch, Ernst, 1892-1947, deutscher Filmemacher.

Lucretia, ihre Selbsttötung nach Vergewaltigung durch den Verwandten des Königs löst dem Mythos nach den Aufstand aus, der zur Gründung der römische Republik führt.

Maxentius, 278-312, ab 306 usurpatorischer Kaiser in Rom, 312 von Konstantin dem Großen (Constantinus) besiegt.

Merkel, Angela, bundesdeutsche Politikerin.

Muse(n), *gr.* Schutzgöttin(nen) der Künste.

Neruda, Pablo, 1904-1973, chilenischer Dichter.

Nikomedia, heute Izmit (Türkei), zeitweise Kaiserresidenz.

Obama, Barack, Präsident der USA 2009-2016.

Odysseus, Heros im Krieg gegen Troja. Die zehnjährige Irrfahrt auf der Heimreise schildert Homer in der *Odyssee*.

Pound, Ezra, 1885-1972, amerikanischer Dichter.

Piaget, Jean, 1896-1980, schweizer Psychologe.

Plutarch, 45-125, griechischer Philosoph.

pontifex maximus, Titel der römischen Kaiser als oberste Priester; ggf. aus lat. *pons + facere* = Brückenbauer.

Priscillian, 340-395, ein christlicher Asket. 395 in Trier als erster Christ durch christliche Staatsgewalt hingerichtet.

Quintilian, 35-96, römischer Rhetor.

Reich, Wilhelm, 1897-1957, Psychoanalytiker.

Rousseau, Jean Jacques, 1712-1778, schweizer Philosoph.

Rubens, Peter Paul, 1577-1640, flämischer Maler.

Ruffinus, 335-395, enger Berater von Theodosius I.

Salomon, biblischer dritter König Israels, bekannt für seine weisen Gleichsprüche.

Socrates scholasticus, 380-440, Kirchengeschichtler.

Stalin, Joseph, 1878-1953, ab 1927 der alleinerziehende kommunistische Diktator in der Sowjetunion.

Suhrkamp, staatstragender linker Verlüg der BRD; ein Insolvenzverfahren wurde am 6. August 2013 eröffnet.

Tacitus, 58-120, römischer Historiker, Germanenkenner.

Theodosius I, 347-395, Kaiser des Ostens ab 379 und mit großem Einfluss auf das Gesamtreich. 380 Aufhebung der Religionsfreiheit; Christentum – nicæanisch, trinitarisch, katholisch – wird Staatsreligion.

Thetis, griechische Meeresnymphe, Mutter von Achill.

Thora, der erste Teil der hebräischen Bibel, die fünf Bücher Moses; Gebot, Gesetz, Weisung.

Trinität, christlicher Glaube, demzufolge der Vater, Jesus Christus und der heilige Geist *ein* dreifaltiger Gott sind.

Troja, fiktive Stadt, gegen die die Griechen in Homers *Illias* kämpfen; alternativ >Illios< genannt.

Valentinianismus, auf Valentinus († nach 160) basierende christliche lyrisch-mystische Lehre, 2.-7. Jahrhundert.

ÜBERSETZUNGEN

44 5 αμβροσια (ambrosia) Götterspeise
6 νεκταρ (nektar) Göttertrank

47 10 *dissimilem patri dicunt esse dei filium* ungleich dem
Vater, sagen sie [= die Arianer], sei der Sohn Gottes
12 *dixerat* er hatte gesagt

50 32 *dixerit* er wird gesagt haben

51 23 *Lesbia* Sappho, 630-570 v.Chr., bedeutendste alt-
griechische Lyrikerin von der Insel Lesbos; ist bei
Catull Metapher für höchste weibliche Schönheit

53 24 *copulam trinitatis* Vereinigung der Drei

57 11 *Episcopatus* gr.-lat. Bischof

59 2 Thessaloniki ist neu-griechische, Thessalonike alt-
griechische Transkription von Θεσσαλονικη

65 7 *viderit* er wird gesehen haben
10 *stem van zijn meester* die Stimme seines Herrn
14 *la voce del padrone* die Stimme seines Herrn

66 21 *suspicatus erit* er wird vermutet haben

67 21 *privilegium fori* Rechtsprivileg

68 25 *mobile vulgus* wankelmütige Masse, »Mob«
31 *mission accomplished* Mission erfüllt
let's roll auf geht's (zwei Schlachtrufe aus der Bush-
Administration im Rahmen der *pax americana*)

76 33 Νικηφοριον Nikephorion; frühhellenistische Stadt,
evtl. im 3. Jh. n. Chr. in Kallinikon umbenannt

77 13 Λυρα (Lyra) Urform der Harfe

79 26 עבד ואמת ('ebed u'âmâh) Sklaven und Sklavinnen
33 *opprimatis per potentiam* herrschen mit Gewalt

80 10 *Schlomo* aramäisch für Salomo

81 20 Ιδιωμα (Idioma) Sprache

83 17 Θεοι (Theoi) Götter
27 Ιησους (Iesous) Jesus

84 8 Ιουδαιος (Ioudaios) Jude
15 תורה (torah) Thora, Gesetz

SALVATORISCHE KLAUSEL

Die Hymnen sind das Werk lyrischer Imagination und kein Geschichtsbuch. Die Beschreibung von historischen Figuren weicht teilweise von der Überlieferung ab, andere sind hirnzugedichtet. Schrift- & andere Zitate wurden einem Prozess aufklärerischer Verfreudung un†erzogen.

· · ·

ZAUNGÄSTE AUS DEM GÄSTEBUCH

· · · ernst jandl johann heinrich voß raoul schrott françois
villon kloppstock peter handke rein?hart jirgl george w bush
friedrich hölderlin ee cummings edward gibbon novalis paul
celan friedrich nietzsche ayn rand »der unbekannte heide«
martin luther herwig blankertz wovenhand jehova fritz perls
maria adler morti motörhead lou reed † pindar iKant ts eliot
ariadne buddha as neill dionysos harry [f?]s morgan sappho
francesca cavallin arnold schönberg sappho alice w flaherty
paulus arno schmidt der sportreporter de sattler mt martin
edgar allen poe theodor w ador≠yes andreas gryphius eva
hesse leonardo da vinci moses eusebius von cæsarea & tante
julia paul goodman dominique aury michael ef schumacher
hegel vulgata biblia hebraica arabella karl marx wikipedias
schwarmintelligenz max horkheimer emile walter benjamin
die nanny michel foucault grünberg george orwell mj cawein
schlumpfine david fast er wallace bert old brecht du martin
buber zech auchentoshan + von den übmichen verdächtigen
hier ganz zu schwelgen · · ·